Rudolf Möckel

Anbetung als Lebensstil

Von der Freude und Motivation Gott anzubeten

Rudolf Möckel

Anbetung als Lebensstil

Von der Freude und Motivation Gott anzubeten

Möckel, Rudolf
Anbetung als Lebensstil
Von der Freude und Motivation Gott anzubeten

Best.-Nr. 271 650
ISBN 978-3-86353-650-3
Christliche Verlagsgesellschaft Dillenburg

Bibelbund-Verlag, D-08269 Hammerbrücke
http://www.Bibelbund.de
Bestellung@bibelbund.de
Bestellnummer: 0295

2. Auflage 2019

www.cv-dillenburg.de

Satz und Umschlaggestaltung:
Christliche Verlagsgesellschaft Dillenburg
Umschlagmotiv: © unsplash.com/Eberhard Grossgasteiger
Bildquelle Innenteil: © Freepik.com

Druck: GGP Media GmbH, Pößneck
Printed in Germany

INHALT

EINLEITUNG

Wer über die Anbetung des lebendigen Gottes spricht, begibt sich auf schwieriges Gelände. Und dies gleich in mehrfacher Hinsicht: Schwierig ist das Gelände zum einen deshalb, weil manche das Thema »Anbetung« sofort und unwillkürlich in den Bereich charismatischer Frömmigkeit einordnen und argwöhnen, sie sollten nun möglicherweise für charismatisch geprägte Denk- und Lebensformen vereinnahmt werden. Es bestehen Vorbehalte.

Schwierig ist das Gelände zum anderen aber auch deshalb, weil gerade in bibeltreuen und stark auf das Wort bezogenen Gemeinden die Anbetung Gottes zuweilen eine wenig beachtete und manchmal auch wenig geschätzte Nischenexistenz führt. Die Predigt, also die Auslegung des Wortes ist das beherrschende Element des Gottesdienstes schlechthin. Alles andere, was sonst noch in der gottesdienstlichen Versammlung stattfindet, wird mehr oder weniger als entbehrliches Drumherum oder gar als schlichte Auf- bzw. Abwärmphase des Gottesdienstes verstanden. Es herrscht Desinteresse.

Schwierig ist das Gelände zum dritten aber auch deshalb, weil viele Christen angesichts der Bücherflut zum Thema »Anbetung« leicht den Eindruck gewinnen, Anbetung sei schwierig und kompliziert. Man könne sehr leicht und sehr viel dabei falsch machen und brauche darum die Anleitung wissender und erfahrener »Spezialisten«, die einem wenigstens ein paar Schneisen durch das undurchdringliche Dickicht biblischer Anbetung bahnten. Es herrscht Mutlosigkeit.

Wer heute über die Anbetung des lebendigen Gottes spricht, muss damit rechnen, vielleicht einigen Vorbehalten, möglicherweise auch Desinteresse, wahrscheinlich aber Mutlosigkeit zu begegnen. Am Besten rechnet er mit allen dreien.

Das Anliegen dieses Buches ist, eine biblisch begründete Sicht der Anbetung Gottes zu entwickeln und zu präsentieren. Hier und da werden dabei auf dem Weg ein paar Abgrenzungen nötig sein, die Missverständnissen vorbeugen und die Sicht klären helfen sollen. Solche Abgrenzungen sind unumgänglich. Sie sind aber nicht das Hauptanliegen. Zentral geht es darum herauszuarbeiten, was die Bibel positiv zum Thema »Anbetung« zu sagen hat. Es geht darum zu zeigen, dass die Anbetung Gottes nicht kompliziert, nicht schwierig, sondern von genialer Einfachheit ist. Dies Buch soll eine Hilfestellung sein, damit Christen in der Anbetung Gottes Sicherheit gewinnen und ganz neu Motivation und Freude bekommen, in der Anbetung des lebendigen Gottes zu leben.

1

ANNÄHERUNGEN AN DIE ANBETUNG GOTTES

Das Staunen der Anbetung

Wahre Anbetung hat immer mit Staunen[1] zu tun. Das kann auch gar nicht anders sein, denn Anbetung bedeutet ja, dass überaus begrenzte menschliche Wesen sich anschicken, die unendliche Größe des lebendigen Gottes in den Blick zu nehmen und sie in Worte zu fassen. Da kann es ohne Staunen eigentlich nicht abgehen!

Und doch: Schaut man sich um in Gemeinschaften und Gemeinden, fällt auf, dass das Staunen der Anbetung ein eher selten gesehener Gast ist. Die Sterilität und Leblosigkeit mancher Anbetung Gottes hat mit fehlendem Staunen zu tun.

Aber über was – bitteschön – sollten wir eigentlich staunen?, würde vielleicht mancher gerne zurückfragen. Wir wissen doch alles über Gott. Wir lesen unsere Studienbibeln, wir machen Notizen bei der Sonntagspredigt, wir hören Predigtkassetten, wir besuchen Seminare, wo Experten erklären, worum es geht bei Gott und dem Leben mit ihm. Wir lesen intelligente geistliche Bücher. Wir können die bedeutendsten Ereignisse der Heilsgeschichte benennen und die Charaktereigenschaften

Gottes aufzählen. Worüber sollten wir denn noch staunen? Leben wir denn nicht im Zeitalter hochentwickelter Technik, die noch das Geheimnisvollste sichtbar werden lässt? Haben wir denn nicht via Fernsehkamera Raketen starten und Weltraum-Shuttles abheben und landen sehen? Haben wir nicht gesehen, wie Menschen den Mond betraten und den Weltraum eroberten? Wir wissen doch, wie es aussieht, wenn Ei- und Samenzelle verschmelzen. Selbst der gigantische Ausbruch eines Vulkans ist für uns nichts Unbekanntes mehr. Worüber sollten *wir* denn noch staunen?

Für viele liegt die Vermutung nahe, dass Staunen mit fehlender Bildung zu tun habe. Aber Vorsicht! Die ganz großen Denker, die ganz großen Wissenschaftler waren allesamt staunende Menschen. Einer von ihnen, Albert Einstein, schrieb in seinem Buch »Die Welt, wie ich sie sehe« folgenden Satz: »Wer nicht mehr staunen kann, wer nicht mehr die tiefste Verwunderung empfinden kann, der ist so gut wie tot. Der ist eine ausgeblasene Kerze.«

Nein, Staunen ist durchaus nicht eine Sache der Unwissenden! Je mehr jemand weiß – über eine Pflanze, über ein Lebewesen oder auch über die Gesetze der Mathematik, umso größer, tiefer und ehrfürchtiger wird sein Staunen. Das Staunen nimmt mit der Masse des Wissens zu, nicht ab.

Und darum gilt: Wer nicht mehr staunen kann, bleibt an der Oberfläche. Der weiß vielleicht eine Menge Fakten und hat sie in eine Menge Schubladen eingestapelt. Aber er hat den Blick verloren für das, was er nicht weiß. Er hat den Blick für die Realität hinter seinen Fakten und jenseits seiner Schubladen verloren. Er hat den Blick für das Ganze, das Große, die Weite, die Tiefe verloren. Und darum staunt er nicht mehr. Sein Wissen macht ihn nicht demütig (wie Einstein), sondern hochmütig.

Genauso ist es nun auch in der Anbetung des lebendigen Gottes. Wenn Menschen mit der großartigen, perfekten und irrtumslosen biblischen Offenbarung umgehen und sie studieren, dann versuchen sie als kleine, begrenzte, zeitliche Wesen, den ewigen, grenzenlosen und allem menschlichen Denken maßlos überlegenen lebendigen Gott zu verstehen.

Und darum gilt: Je besser man die Bibel versteht, je tiefer man in ihre Geheimnisse eindringt und je souveräner man mit dem Wort Gottes umgehen kann, umso größer muss auch das Staunen werden. Denn je besser man versteht, was Gott uns von sich offenbart hat, umso umfassender wird man auch wahrnehmen, was man nicht verstehen und nicht erklären kann. Je genauer und tiefer jemand die biblische Offenbarung erfasst, umso öfter wird er auch auf Geheimnisse Gottes stoßen, die er vielleicht noch benennen, aber nicht mehr entschlüsseln kann. Unversehens wird er ins Staunen geführt, in ein tiefes, ehrfürchtiges, anbetendes Staunen. Das Staunen der Anbetung.

Es gibt eine prominente Stelle in der Bibel, wo dieses Staunen sich vehement Bahn bricht. Diese Stelle findet sich in dem anspruchsvollsten Lehrbrief des gesamten Neuen Testaments, nämlich dem Römerbrief, geschrieben von dem brillantesten Theologen der frühen Christenheit, dem Apostel Paulus. Sie krönt eine geschliffene, volle drei Kapitel umfassende Abhandlung über die Souveränität Gottes. Sie lautet (Röm 11,33):

> *O, welch eine Tiefe des Reichtums, beides, der Weisheit und der Erkenntnis Gottes! Wie unbegreiflich sind seine Gerichte und wie unerforschlich seine Wege!*

Es steckt ein großes Staunen der Anbetung in diesen Zeilen! Es ist dasselbe Staunen, das auch ein David empfand, als er in einer Nacht seinen Blick nicht von der Größe und Schönheit des Himmels abwenden konnte und schrieb (Psalm 8,4-7.10):

> *Wenn ich sehe die Himmel, deiner Finger Werk, den Mond und die Sterne, die du bereitet hast: Was ist der Mensch, dass du seiner gedenkst, und des Menschen Kind, dass du dich seiner annimmst? Du hast ihn wenig niedriger gemacht als Gott, mit Ehre und Herrlichkeit hast du ihn gekrönt. Du hast ihn zum Herrn gemacht über deiner Hände Werk, alles hast du unter seine Füße getan; ... Herr, unser Herrscher, wie herrlich ist dein Name in allen Landen!*

Wahre Anbetung Gottes hat immer mit Staunen zu tun. Wahre Anbetung Gottes fängt über dem Wort Gottes an zu staunen. Und je genauer, tiefer und umfassender sie es erfasst, um so tiefer, völliger und umfassender wird auch ihr Staunen.

Was heute sehr nötig ist, wenn Christen neu beginnen wollen mit der Anbetung Gottes, das ist exakt diese Haltung des Staunens über die Größe Gottes.

Die Schönheit der Anbetung

»Schönheit« ist im Allgemeinen eine ziemlich relative Angelegenheit. Was der eine als schön empfindet, stuft der andere vielleicht als gewöhnlich oder gar als hässlich ein. Ein Top-Model wie Claudia Schiffer oder Naomi Campbell etwa würde in China oder der Mongolei vielleicht gar nicht als »top« empfunden werden. Ihre Nasen sind zu lang, würden die Leute vielleicht sagen, und ihre Augen zu rund.

Schönheit kann also eine relative Angelegenheit sein. Andererseits aber gibt es durchaus auch Dinge, deren

Schönheit außer Frage steht und auch nicht erhöht oder verbessert werden kann, ein Regenbogen zum Beispiel oder ein prachtvoller Sonnenuntergang. Kein Mensch würde doch auf die Idee kommen, hier Verbesserungen vornehmen zu wollen. Dasselbe gilt für eine Blume, oder auch für ein neugeborenes Baby. Kein Mensch käme auf den Gedanken, die Blüte einer Blume mit Blattgold zu überziehen, nur um sie ein bisschen zu verbessern. Kein Mensch verfiele auf die abstruse Idee, ein neugeborenes Baby mit Make-Up zu verschönern.

Es gibt Dinge, die sind einfach schön, wie sie sind. Nicht umsonst hat Jesus auf die Lilien im Feld hingewiesen, deren Schönheit und Ausstrahlung selbst *Salomo in aller seiner Herrlichkeit* nicht annähernd erreichte (Mt 6,29).

Aber alle irdische Schönheit hat eines gemeinsam – sie vergeht. Das schönste Top-Model altert irgendwann. Der schönste Regenbogen verblasst, der prächtigste Sonnenuntergang versinkt. Die farbigste Blume und das niedlichste Baby, sie alle haben ihre Zeit, altern und vergehen, gehören irgendwann der Vergangenheit an und fallen dem Vergessen anheim. *Charme ist trügerisch und Schönheit vergeht,* stellt das Buch der Sprüche fest (Spr 31,30). Und der Prophet Jesaja (Jes 40,6-7) fügt hinzu:

> *Alles Fleisch ist Gras, und alle seine Schönheit ist wie die Blume auf dem Felde. Das Gras wird dürr, die Blume fällt ab; denn der Hauch des Herrn hat sie angeweht.*

Alle irdische Schönheit hat also diese Eigenschaft, dass sie unerbittlich vergeht. Und genau an dieser Stelle wird deutlich, was das Besondere an der Anbetung des lebendigen Gottes ist. Denn in ihm tritt uns Menschen Perfektion und Schönheit in ihrer höchsten Vollendung entgegen, eine Schönheit, die nicht vergeht, eine Vollkommenheit, die nicht verfällt, sondern ewig ist.

Die vollkommene, durch nichts beeinträchtigte Heiligkeit Gottes ist von einer unfasslichen, mit nichts zu vergleichenden Schönheit. Die Gnade, die Gerechtigkeit, die Güte, die Kraft und Liebe Gottes in ihrer Perfektion sind von einer Schönheit, für die es keine (zumindest keine irdischen) Worte gibt, die sie endgültig einfangen oder beschreiben könnten. Und es ist etwas überaus Gewaltiges, wenn begrenzte, irdische Wesen, wie wir Menschen nun einmal sind, solche Schönheit erkennen und in sich aufnehmen können.

Anbetung bedeutet, dass begrenzte kleine Menschen mit begrenzten, kleinen, irdischen Begriffen und begrenzten, kleinen, irdischen Worten die unfassliche, ewige, durch nichts zu übertreffende, vollkommene Schönheit Gottes in Worte fassen – Worte, die natürlich niemals ausreichen, Worte, die niemals in der Lage sind, die ganze Schönheit Gottes angemessen zu erfassen und zum Ausdruck zu bringen.

Wie bewegend spricht Psalm 104 über die Schönheit Gottes:

> *Lobe den Herrn, meine Seele! Herr, mein Gott, du bist sehr herrlich; du bist schön und prächtig geschmückt. Licht ist dein Kleid, das du anhast.*

Anbetung bedeutet, dass Menschen dem lebendigen Gott sagen, wie schön er ist. Und weil keine menschlichen Worte es zustandebringen werden, dies jemals ausreichend und umfassend zu tun, darum kommt die Anbetung Gottes auch in der Ewigkeit nie an ein Ende, wo dann alles gesagt und alles ausgesprochen wäre. Im Gegenteil, die Anbetung Gottes *kann* kein Ende haben, denn die Worte kleiner Menschen werden auch in der

Ewigkeit nicht in der Lage sein, die Schönheit des ewigen, unfassbar großen Gottes je angemessen zu erfassen oder zu würdigen. Psalm 22,3 sagt: *Du, Herr bist heilig, der du thronst über den Lobgesängen Israels.* Und so ist es wirklich. Der lebendige Gott als Person steht immer über den Lobgesängen und der Anbetung von uns Menschen. Nie können Menschen seine Größe und Schönheit vollends erfassen.

Und auch dieser Vorgang selbst, das Benennen der Schönheit Gottes vor seinem Angesicht, hat eine große Schönheit in sich. Der Schriftsteller C. S. Lewis hat einmal geschrieben:

> »Es ist durchaus nicht ungewöhnlich, dass zwei Liebende sich gegenseitig immer wieder sagen, wie schön sie den jeweils anderen finden. Ihr Entzücken aneinander ist solange unvollständig, bis es ausgesprochen und in Worte gefasst worden ist. Es ist auch frustrierend, einen genialen neuen Schriftsteller zu entdecken und niemandem sagen zu können, wie gut seine Bücher sind, oder während einer Autofahrt plötzlich ein liebliches, wunderschönes Tal zu entdecken und dann schweigen zu müssen, weil es die anderen im Auto nicht die Bohne interessiert.«

Schönheit in Worte zufassen ist ein Vorgang von großer Schönheit. Und genauso ist es auch in der Anbetung des lebendigen Gottes. Und genau darum geht es, wenn es in Psalm 147,1 heißt:

> *Lobet den Herrn! Denn es ist gut, unserm Gott zu lobsingen: Es ist lieblich! Es gebührt ihm Lobgesang.*

Und damit ist klar, dass die Anbetung Gottes keine Pflichtübung, kein Trainingsprogramm ist. Sie ist ein Vorrecht.

Sie ist etwas Großes und sehr, sehr Schönes. Etwas, mit dem man nie an ein Ende kommt. Es ist das große, schöne Vorrecht der Kinder Gottes.

2

GRUNDLINIEN DER ANBETUNG

Wie haben eigentlich die Glaubenden der Bibel ihre Gottesdienste gefeiert und Gott angebetet?

Wer sich auf die Suche macht, wird gründlich enttäuscht. Man findet zwar im 2. Buch Mose (2Mo 25–31) ausführliche Bestimmungen darüber, wie die Stiftshütte zu fertigen sei, welche Kleidung die Priester zu tragen und wie Leuchter, Schaubrottisch und Altäre auszusehen hätten. Aber man findet kein Wort darüber, wie das Volk Israel damals seine Gottesdienste gefeiert hat.

Oder im 3. Buch Mose (3Mo 1–7): Da werden zwar die wichtigsten Opfer detailliert beschrieben, nicht jedoch die Gottesdienste, in denen sie dargebracht wurden. 3. Mose 23 präsentiert die großen Feste des Volkes Gottes, beschreibt jedoch nicht, wie sie im Einzelnen gefeiert wurden. Im 2. Chronikbuch (2Chr 6–7) werden zwar Salomos Gebet anlässlich der Tempelweihe überliefert und die hohe Zahl der Opfer benannt, über die Inhalte und Struktur des Gottesdienstes aber erfährt man fast nichts. In 2. Chronik 7,9 heißt es lediglich lapidar: *Am achten Tag aber hielten sie eine Versammlung; denn die Einweihung des Altars hielten sie sieben Tage und das Fest auch sieben Tage.* Man hätte gern mehr gewusst, aber man erfährt nicht mehr!

Und weiter: Psalm 100 fordert die Leute dazu auf, vor dem Angesicht Gottes (im Tempel) zusammenzukommen, um gemeinsam zu loben und zu danken. Aber er beschreibt keinen Gottesdienst, nennt keine Lieder.

Psalm 98,44-46 hat die Musik im Gottesdienst zum Thema. Dort werden immerhin einige Instrumente genannt, die damals in der Anbetung Gottes eine Rolle gespielt haben müssen: Harfe, Saiteninstrumente, Trompeten, Posaunen. Psalm 150 fügt noch Pauken, Flöten und Zimbeln hinzu. Aber es finden sich keine Angaben darüber, was, wann, wo und wie gespielt und gesungen wurde.

Und dann, wenn man ins Neue Testament hinüberwechselt, wird es eher noch dürrer und unergiebiger: Apostelgeschichte 2,41-42 nennt die Taufe, die biblische Lehre, Gemeinschaft, Abendmahl und Gebete als Elemente des Gottesdienstes, präsentiert aber auch keinen genauen Gottesdienstablauf.

In 1. Korinther 14,40 mahnt Paulus, es solle im Gottesdienst alles ehrbar und ordentlich zugehen, schweigt aber zu der Frage, wie sich denn eigentlich ein Gottesdienst bei den ersten Christen gestaltete. Paulus äußert sich ausführlich zu der Frage, ob Frauen im Gottesdienst eine Kopfbedeckung tragen sollten (1Kor 11,1-10). Er zitiert auch die Abendmahlsworte Jesu (1Kor 11,23-26). Ansonsten aber vermittelt er keine Vorstellung, wie denn die Christen ihre gemeinsame Anbetung Gottes damals durchgeführt haben. Es gibt im gesamten Neuen Testament keine Ablaufskizze eines normalen christlichen Gottesdienstes.

Die schlichte Frage angesichts dieses deutlichen biblischen Befundes lautet nun: Warum nicht? Antwort: Offensichtlich lag es nicht in Gottes Absicht, uns an dieser Stelle genaue Regeln und Ordnungen zu geben. Im Gegenteil, er wollte den Gemeinden an dieser Stelle Freiheit und eine Menge Gestaltungsspielraum geben. Und diese Freiheit und diesen Gestaltungsspielraum sollten Gemeinden heute darum auch dankbar annehmen und nutzen.

Wie sie die Anbetung des lebendigen Gottes in ihren Gottesdiensten konkret gestalten, ist den Christen also in mancherlei Hinsicht freigestellt. Die Bibel liefert an dieser Stelle keine detaillierten festen Richtlinien, wohl aber bestimmte Grundlinien, an denen man sich verbindlich orientieren kann.

Die Anbetung als Bestimmung des Menschen

Was ist die Bestimmung des Menschen? Wie könnte man diese Frage beantworten?

Manche würden vielleicht sagen, dass es die Bestimmung des Menschen sei, gerettet und neu geboren zu werden und dann ein Kind Gottes zu sein. Andere würden vielleicht sagen, dass es die Bestimmung des Menschen sei, Gott zu dienen, ihm gehorsam zu sein und in der Heiligung zu leben. Einige wären möglicherweise der Meinung, es sei Ziel und Bestimmung des menschlichen Lebens, innerlich Veränderung und Erneuerung im Heiligen Geist zu erfahren und so Jesus ähnlicher zu werden. Wieder andere wären der Auffassung, die Bestimmung der Menschen bestünde darin, in der Gemeinde als geistliche Einheit zu leben und Licht in einer dunklen Welt zu sein.

All diese Antworten wären nicht falsch. Aber sie gingen doch am Entscheidenden vorbei. Denn biblisch gesehen liegt die Bestimmung des Menschen in der Anbetung, im Lobpreis Gottes.

Die Rettung aus Sünde und Verlorenheit, so wichtig und dramatisch sie ist, ist kein Selbstzweck. Der

Gehorsam Gott gegenüber und das Leben in der Heiligung, so nötig und unersetzlich sie sind, sind doch kein Selbstzweck. Auch die Veränderung und Erneuerung des Lebens durch den Heiligen Geist, schön und erfreulich wie sie sind, sind kein Selbstzweck. Selbst das Leben in der Gemeinde und als Zeuge Jesu Christi ist kein Selbstzweck. Sie sind alle nur Teil der einen, großen Bestimmung des Menschen: Gott anzubeten und in seinem Lobpreis zu leben.

Es gibt einen sehr bewegenden, großartigen Abschnitt in der Bibel, der hierzu Entscheidendes zu sagen hat. Es handelt sich um das erste Kapitel des Epheserbriefes. Der Apostel Paulus schreibt dort (Eph 1,3):

> *Gelobt sei Gott, der Vater unseres Herrn Jesus Christus, der uns gesegnet hat mit allem geistlichen Segen im Himmel durch Christus.*

Mit einer unmissverständlichen Aufforderung zum Lobpreis Gottes beginnt dieser Abschnitt. Und dann geht es sofort in die Tiefe. Der Apostel Paulus greift weit zurück in die Vergangenheit. Er spricht davon, dass Gott noch vor Grundlegung der Welt Menschen erwählt und vorherbestimmt hat, um sie zu seinen Kindern zu machen. Er spricht davon, dass Gottes Liebe sich so äußert, dass er einzelne Menschen zum ewigen Leben, zur Rettung, zur Gotteskindschaft erwählt.

> *Denn in ihm* (in Christus) *hat er uns erwählt, ehe der Welt Grund gelegt war, dass wir heilig und untadelig vor ihm sein sollten. In seiner Liebe hat er uns dazu vorherbestimmt, seine Kinder zu sein durch Jesus Christus nach dem Wohlgefallen seines Willens* (Eph 1,4-5).

Und dann kommt das Entscheidende: Paulus kommt darauf zu sprechen, warum und mit welchem Ziel Gott diese Erwählung vor Grundlegung der Welt durchgeführt hat. Und da heißt es nun (Eph 1,6): *Zum Lob seiner herrlichen Gnade, mit der er uns begnadet hat in dem Geliebten.* Es wird deutlich: Das Ziel der Erwählung Gottes ist das Lob Gottes, ist die Anbetung Gottes.

Und dann in den nächsten Versen (Eph 1,7-11) beschreibt Paulus all das, was Gott für die Menschen getan hat. Er spricht von der Erlösung durch Jesus, von der Vergebung der Sünden, dem Reichtum der Gnade Gottes. Er spricht davon, dass es Gottes Wille war, allen Menschen in Jesus Heil und Rettung anzubieten. Er spricht davon, dass Gott alles in Christus zusammenfassen möchte, was im Himmel und auf Erden ist. Da kommt die Gemeinde Jesu in den Blick. Und schließlich führt er seinen Lesern auch noch vor Augen, dass Christen Erben Gottes sind: Dass ihnen also schon heute alles mitgehört, was Gott gehört. Und dann kommt er wiederum darauf zu sprechen, warum und mit welchem Ziel der lebendige Gott all dies getan hat, und er schreibt: *... damit wir etwas seien zum Lob seiner Herrlichkeit.* Wiederum wird deutlich: Das Ziel der großen Taten Gottes ist das Lob Gottes, ist die Anbetung Gottes.

Und noch immer ist die Liste der großen Taten Gottes nicht abgearbeitet. Paulus spricht nun vom Heiligen Geist. Er spricht davon, dass alle, die zum Glauben an Jesus gekommen sind, mit dem Heiligen Geist versiegelt worden sind, der wie eine Anzahlung (Paulus nennt es *Unterpfand)* des ewigen Lebens ist (Eph 1,14). Schließlich kommt er dann noch einmal darauf zu sprechen, warum und mit welchem Ziel der lebendige Gott all dies im Leben der Christen getan hat, und er schreibt: *... damit wir sein Eigentum würden zum Lob seiner Herrlichkeit* (Eph 1,14). Und noch einmal wird deutlich: Das Ziel des

Handelns Gottes ist immer das Lob Gottes, ist die Anbetung Gottes.

Wenn man dann ein paar Seiten weiter blättert und den Philipperbrief aufschlägt, findet sich etwas ganz Ähnliches. Da wird in Philipper 2,6-9 der Weg des Sohnes Gottes beschrieben:

> *Er, der in göttlicher Gestalt war, hielt es nicht für einen Raub, Gott gleich zu sein, sondern entäußerte sich selbst und nahm Knechtsgestalt an, ward den Menschen gleich und der Erscheinung nach als Mensch erkannt. Er erniedrigte sich selbst und ward gehorsam bis zum Tode, ja zum Tode am Kreuz. Darum hat ihn auch Gott erhöht und hat ihm den Namen gegeben, der über alle Namen ist.*

Und dann, gleich anschließend, in Philipper 2,10-11 führt der Apostel Paulus uns vor Augen, was das eigentliche Ziel dieses Weges war, den Jesus gehen musste. Er schreibt:

> *... damit in dem Namen Jesu sich beugen sollen aller derer Knie, die im Himmel und auf Erden und unter der Erde sind, und alle Zungen bekennen sollen, dass Jesus Christus der Herr ist, zur Ehre Gottes des Vaters.*

Hier werden Menschen beschrieben, die vor Gott auf die Knie gegangen sind und ihn anbeten als den Herrn aller Herren, zur Ehre Gottes des Vaters. Hier wird wiederum Anbetung beschrieben.

Und damit ist klar: Das Ende aller Wege Gottes mit den Menschen, ihre letztgültige Bestimmung ist die Anbetung des lebendigen Gottes. Dies allein und nichts sonst.

Im *Kleinen Westminster Katechismus* heißt es dazu: »Des Menschen *Hauptziel* ist es, Gott zu verherrlichen und sich für immer an ihm zu erfreuen.« Das ist sehr präzise formuliert. Es fasst sehr exakt zusammen, was die Bibel über die Rolle der Anbetung in unserem Leben zu sagen hat: »Des Menschen Hauptziel ist es, Gott zu verherrlichen und sich für immer an ihm zu erfreuen.«

Und jetzt kann aus alldem ein Schluss gezogen werden. Er lautet: Die Anbetung Gottes ist keine Spezialübung für Superfromme. Sie ist auch nicht eine Super-Sonder-Veranstaltung, die man wahrnehmen kann oder nicht. Sie ist erst recht nicht eine Art von »Beschäftigungstherapie« für gelangweilte Christen! Sie ist im Gegenteil die Bestimmung und das Ziel des Lebens. Das Leben der Kinder Gottes zielt exakt auf dieses Eine, dass sie Gott anbeten und ihm die Ehre geben.

Die Psalmen bringen diese Tatsache an vielen Stellen immer wieder zum Ausdruck. Zum Beispiel Psalm 27,4. Dort heißt es:

> *Eines erbitte ich von dem Herrn, nach diesem will ich trachten: Dass ich bleiben darf im Haus des Herrn mein ganzes Leben lang, um die Lieblichkeit des Herrn zu schauen und ihn zu suchen in seinem Tempel.*

Oder Psalm 29,1-2:

> *Gebt dem Herrn, ihr Himmlischen, gebt dem Herrn Ehre und Lob! Gebt dem Herrn die Ehre seines Namens. Betet den Herrn an in heiligem Schmuck.*

Oder Psalm 84,2-3.5.11:

> *Wie lieblich sind deine Wohnungen, o Herr der Heerscharen. Meine Seele verlangte und sehnte sich nach den Vorhöfen des Herrn; nun jubeln mein Herz und*

mein Leib dem lebendigen Gott zu! ... Wohl denen, die in deinem Haus wohnen; sie preisen dich allezeit. ... Denn ein Tag in deinen Vorhöfen ist besser als sonst tausend; ich will lieber an der Schwelle im Haus meines Gottes stehen, als wohnen in den Zelten der Gottlosen.

Das Leben jedes Christen findet sein Ziel und seine Bestimmung in der Anbetung Gottes. Und jetzt kann daraus noch einmal ein Schluss gezogen und eine Folgerung abgeleitet werden. Wenn Christen den lebendigen Gott anbeten, allein zu Hause oder gemeinsam in der Gemeinde, dann sind sie als ganze Person auf ihn ausgerichtet. Sie haben niemand anderen im Blick als Ihn. Sie wollen nichts und niemand anderen als ihn. Er ist der Eine, um den ihr Denken, Fühlen und Wollen kreist. Er ist der Eine, dem ihre ganze Hingabe, Liebe und Aufmerksamkeit zukommt.

Warum ist es nötig, das so stark zu betonen? Es ist notwendig, weil es nicht selbstverständlich ist. Es haben sich falsche Motive in der Anbetung Gottes breit gemacht. Manche Christen gehen in die Zeit der Anbetung in ihren Gemeinden mit der festen Erwartung hinein, nun eine Art von emotionalem Höhepunkt zu bekommen. Sie haben eine hochgespannte gefühlsmäßige Erwartungshaltung, was nun alles passieren soll, und sie sind enttäuscht, wenn die sich nicht erfüllt. Mit anderen Worten: Sie erwarten, dass in der Zeit der Anbetung »echt was abgeht« und so eine Art von »geistlichem Kick rüberkommt«. Es hat eine Verschiebung stattgefunden. Menschliche Bedürfnisse und deren Erfüllung haben sich in den Vordergrund gedrängt. Und die lenken von dem eigentlichen Ziel der Anbetung ab.

Wenn Menschen den lebendigen Gott anbeten, dann sind ihre menschlichen Bedürfnisse oder Defizite nun wirklich nicht das Thema. Es geht um Gott. Es geht um den Vater Jesu Christi. Um IHN geht es und um niemand sonst. Wenn Christen anfangen und die Anbetung Gottes zum Ausgleich und Auffüllen menschlicher Bedürfnisse und Defizite benutzen, dann haben sie das Ziel verfehlt. Es geht in der Anbetung nicht um sie. Es geht um Jesus, Gottes Sohn! Wie man bei einer Zeit der Anbetung Gottes »emotional drauf« ist, ist nicht das Thema. Gott selbst ist das Ziel!

Um nun nicht missverstanden zu werden: Ganz sicher ist es so, dass Gott jeden ganz persönlich, aber auch die Gemeinden, segnen, stärken und aufbauen wird, wenn sie in der biblischen Anbetung leben. Etwas einfacher gesagt: Die Anbetung Gottes wird den Christen und ihren Gemeinden immer gut tun. Aber das ist nur eine »Nebenwirkung«, nicht die Hauptsache. Die Hauptsache in der Anbetung ist Gott in Person. Und es ist sehr entscheidend, dass hier die Gewichte nicht verschoben werden.

Anbetung als Lebensstil

Die Anbetung Gottes ist ein Lebensstil. Sie ist – um einen leider etwas abgenutzten Begriff zu gebrauchen – etwas Ganzheitliches. Sie ist alles andere als eine isolierte gottesdienstliche Veranstaltung am Ende der Arbeitswoche. Sie bezieht das ganze Leben mit ein. Im 12. Kapitel des Römerbriefes hat der Apostel Paulus diese Tatsache auf den Punkt gebracht (Röm 12,1-2):

Ich ermahne euch nun, ihr Brüder, angesichts der Barmherzigkeit Gottes, dass ihr eure Leiber darbringt als ein lebendiges, heiliges, Gott wohlgefälliges Opfer: das sei euer vernünftiger Gottesdienst! Und passt euch nicht diesem Weltlauf an, sondern lasst euch in eurem Wesen verändern durch die Erneuerung eures Sinnes, damit ihr prüfen könnt, was der gute und wohlgefällige und vollkommene Wille Gottes ist.

Oder ganz ähnlich im 1. Korintherbrief (1Kor 6,19-20):

Wisst ihr nicht, dass euer Leib ein Tempel des in euch wohnenden Heiligen Geistes ist, den ihr von Gott empfangen habt, und dass ihr euch nicht selbst gehört? Denn ihr seid teuer erkauft; darum verherrlicht Gott in eurem Leib und in eurem Geist, die Gott gehören.

Die Anbetung Gottes ist nichts Isoliertes. Man kann sie nicht einsperren in ein bis zwei Stunden Gottesdienst am Sonntagmorgen. Die Anbetung Gottes berührt das gesamte Leben mit all seinen verschiedenen Bezügen: Arbeit, Ehe, Familie, Freizeit, Freunde, Hobbys, Geld, Gesundheit, Beziehungen ... usw. Sie umfasst Alltag und Sonntag. Genauer: Es ist möglich, die Anbetung Gottes am Sonntag durch Fehlverhalten im Alltag zu entwerten und zu entleeren. Die Anbetung mit dem Mund und der Stimme am Sonntag muss übereinstimmen mit der Anbetung durch die Tat und die Praxis im Alltag. Sonst ist sie von vornherein nichtig.

Im vierten Kapitel des Epheserbriefes macht der Apostel Paulus diesen Sachverhalt sehr schön an einem Beispiel deutlich. Er schreibt (Eph 4,1):

So ermahne ich euch nun, ich, der Gebundene im Herrn, dass ihr der Berufung würdig wandelt, zu der ihr berufen seid.

Jeder Christ ist berufen, in der Anbetung Gottes zu leben. Das ist die Berufung seines Lebens schlechthin. Und natürlich muss er sich jetzt entsprechend verhalten. Er muss *der Berufung würdig wandeln,* wie Paulus schreibt.

Im griechischen Text des Epheserbriefes steht für das deutsche Wort »würdig« das griechische Wort *axios*. *Axios* bezeichnet eigentlich eine Waage, deren zwei Waagschalen genau im Gleichgewicht sind. Und genau darauf will der Apostel Paulus hinaus. Es ist, als ob er sagt: Stellt euch eine Waage vor. Auf der einen Waagschale liegt eure Berufung, in der Anbetung Gottes zu leben. Und auf der anderen Waagschale, da liegt euer Verhalten, euer Lebensstil, euer Tun und Lassen im Alltag. *Beide* Waagschalen müssen nun im Gleichgewicht zueinander sein. Euer Tun und Lassen hier auf der Erde muss der Berufung Gottes genau entsprechen. Dann ist alles in Ordnung.

Christen sind also als *ganze* Menschen mit ihrem *ganzen* Leben an der Anbetung Gottes beteiligt. Schon das Alte Testament macht auf diese Tatsache unübersehbar aufmerksam. Im 5. Mose 6,4-5 heißt es:

> *Höre Israel, der Herr ist unser Gott, der Herr allein! Und du sollst den Herrn deinen Gott, lieben mit deinem ganzen Herzen und mit deiner ganzen Seele und mit deiner ganzen Kraft.*

Hier werden die Maßstäbe gesetzt. Das Herz bezeichnet den Bereich der menschlichen Person, der Entscheidungen trifft und den Kurs des Lebens navigiert. Die Seele ist der Bereich der Emotionen, der Kreativität und der Fähigkeit zur Hingabe. Die Kraft bezeichnet die geistige und körperliche Leistungsfähigkeit. Und alle drei – Herz, Seele und Kräfte – sind bei der Anbetung Gottes beteiligt. Fällt einer der drei aus der Anbetung heraus, wird sie zumindest beeinträchtigt, möglicherweise sogar entwertet.

Einige biblische Beispiele illustrieren diese Erkenntnis eindrucksvoll. Im 1. Buch Mose (1Mo 4) wird von

Kain und seinem Bruder Abel berichtet. Beide traten vor Gott, um ihn mit einem Opfer zu ehren und anzubeten. Aber Gottes Reaktion auf die Anbetung der Brüder fiel recht verschieden aus. In 1. Mose 4,3-5 heißt es:

Und es geschah nach geraumer Zeit, dass Kain dem Herrn ein Opfer darbrachte von den Früchten des Erdbodens. Und auch Abel brachte sein Opfer von den Erstlingen seiner Schafe und ihrem Fett. Und der Herr sah Abel und sein Opfer an; aber Kain und sein Opfer sah er nicht an. Da wurde Kain sehr wütend und sein Angesicht senkte sich.

Es ist viel spekuliert worden, was denn wohl der Grund für die Zurückweisung von Kains Opfer gewesen sei. Man hat vermutet, dass es in der Tatsache gelegen habe, dass Kain kein blutiges Opfer gebracht habe wie Abel. In der Regel wird das mit einem Satz aus Hebräer 9,22 begründet, wo es heißt, dass ohne Blutvergießen keine Vergebung geschieht. Diese Deutung ist möglich und biblisch legitim.

Der Bericht von Kain und Abels Anbetung legt allerdings auch noch eine andere Deutung nahe. In Vers 4 heißt es nämlich, dass Abel *von den Erstlingen seiner Schafe* ein Opfer brachte. Von Kain dagegen heißt es lediglich, dass er *von den Früchten des Erdbodens* nahm.

Nun ist zum Beispiel im 3. Buch Mose von Speiseopfern die Rede. Dort ist zu lesen, dass für solche Opfer nur das Allerbeste gerade gut genug war. 3. Mose 2,1 spricht von *Feinmehl.* 3. Mose 2,14 führt aus, dass dieses Feinmehl aus dem Jungkorn gewonnen werden müsse, also aus den ersten Früchten (3. Mose 2,14), und dass volle Ähren nur sorgfältig geröstet zum Altar gebracht werden durften. Mit anderen Worten: Speiseopfer waren möglich. Es durfte aber nur das Allerbeste der ersten Früchte für sie verwendet werden.

Von Abel heißt es, dass er die Erstlinge seiner Schafe als Opfer brachte. Er brachte also das Beste und Wertvollste vor Gott, was er hatte. Von Kain dagegen heißt es, dass er nur von den Früchten des Feldes nahm. Er brachte Durchschnittsware und eben *nicht* das Beste. Sein Herz war nicht bereit, das Beste für Gott herzugeben. Sein Herz wollte das Beste für sich selbst behalten. Kains Herz und sein Tun waren nicht in Ordnung. Und Gott nahm seine Anbetung darum auch nicht an.

Es wird deutlich: Die Anbetung des lebendigen Gottes lässt sich keinesfalls vom sonstigen Leben abtrennen. Beide sind innig miteinander verbunden. Ist das Eine nicht in Ordnung, zählt auch das andere nicht. Ein Leben in kontinuierlicher, unbereuter Sünde entwertet die Anbetung im Gottesdienst.

Sehr deutlich wird das auch bei dem nächsten Beispiel. Es betrifft Israels ersten König Saul. Im 1. Buch Samuel (1Sam 15) wird von ihm berichtet. Saul stand damals in Auseinandersetzung mit den Amalekitern, einem aggressiven und militärisch ziemlich hochgerüsteten Volk. Mit über 200 000 Mann ist er damals gegen dieses Volk gezogen. Saul wusste, dass er in Gottes Auftrag handelte. Er wusste, dass er siegen würde. Und tatsächlich behielten Sauls Truppen die Oberhand. Das Volk der Amalekiter verfiel dem Bann. Das heißt: Alle Männer, Frauen und Kinder dieses Volkes verfielen dem Gericht Gottes und starben.

Und dann beging Saul einen Fehler. Er vollstreckte den Bann nicht so, wie Gott es gesagt hatte. Er machte Ausnahmen. Er verschonte Agag, den König der Amalekiter. Wahrscheinlich erhoffte er sich ein Lösegeld von dessen Freunden. Er vollstreckte den Bann auch nicht an allem, was wertvoll war: Schafe, Rinder, Mastvieh, Lämmer, Werkzeuge, Schmuck, Teppiche, Kleider, Waffen, schöne Häuser ... Er behielt all dies für sich.

Wahrscheinlich hatte Saul subjektiv den Eindruck, dass er Gottes Auftrag so weitgehend erfüllt hatte, dass die paar »kleinen Ausnahmen« eigentlich gar keine Rolle spielten. Wahrscheinlich hatte er das Gefühl, wenn die große Richtung stimme, könne man sich schon ein paar kleine Sonderrechte genehmigen. Und so ließ er Ausnahmen bei der Vollstreckung des Banns zu. Er gehorchte Gottes Wort nicht vollständig.

Am nächsten Tag ist es dann zu einer Begegnung zwischen Saul und dem Propheten Samuel gekommen. Und der hat Sauls Ungehorsam schnörkellos auf den Punkt gebracht (1Sam 15,13-14.19.22):

> *Als nun Samuel zu Saul kam, sprach Saul zu ihm: Gesegnet seist du vom Herrn! Ich habe des Herrn Wort erfüllt. Samuel antwortete: Und was ist das für ein Blöken von Schafen, das zu meinen Ohren kommt, und ein Brüllen von Rindern, das ich höre? ... Warum hast du der Stimme des Herrn nicht gehorcht, sondern hast dich an die Beute gemacht und hast getan, was dem Herrn missfiel? ... Meinst du, dass der Herr Gefallen habe am Brandopfer und Schlachtopfer gleichwie am Gehorsam gegen die Stimme des Herrn? Siehe, Gehorsam ist besser als Opfer und Aufmerken ist besser als das Fett von Widdern.*

Ein Leben im Ungehorsam kann nicht durch den schönsten Gottesdienst und auch nicht durch die emotionalste Anbetung ausgeglichen werden. Im Gegenteil, ein Leben im Ungehorsam entwertet die Anbetung. Gott will, dass die Anbetung in der Gemeinde *einerseits* und das Tun und Lassen der Christen im Alltag *andererseits* einander entsprechen. So wurde es auch schon im Bild von der Waage deutlich, wie es der Apostel Paulus benutzt hat (Eph 4,1).

Ein weiteres Beispiel, diesmal aus dem Buch des Propheten Jesaja. Auch hier findet sich die zentrale biblische Aussage, dass Anbetung ein Lebensstil ist, dass das Leben und die Anbetung Gottes nie getrennt werden können, sondern einander entsprechen müssen. In Jesaja 1,10-17 findet sich dieses Wort an das Volk Gottes:

Hört das Wort des Herrn, ihr Fürsten von Sodom! Nimm zu Ohren das Gesetz unseres Gottes, du Volk von Gomorra! Was soll mir die Menge eurer Schlachtopfer? spricht der Herr. Ich bin der Brandopfer von Widdern und des Fettes der Mastkälber überdrüssig, und am Blut der Jungstiere, Lämmer und Böcke habe ich kein Gefallen! Wenn ihr kommt, um vor meinem Angesicht zu erscheinen – wer verlangt dies von euch, dass ihr meine Vorhöfe zertretet? Bringt nicht mehr vergebliches Speisopfer! Räucherwerk ist mir ein Gräuel! Neumond und Sabbat, Versammlungen halten: Frevel verbunden mit Festgedränge ertrage ich nicht! Eure Neumonde und Festzeiten hasst meine Seele; sie sind mir zur Last geworden; ich bin es müde sie zu ertragen. Und wenn ihr eure Hände ausbreitet, verhülle ich meine Augen vor euch, und wenn ihr auch noch so viel betet, höre ich doch nicht, denn eure Hände sind voll Blut!

Wascht euch, reinigt euch! Tut das Böse, das ihr getan habt, von meinen Augen hinweg; hört auf Böses zu tun. Lernt Gutes tun. Trachtet nach dem Recht, bestraft den Gewalttätigen, schafft der Waise Recht, führt den Rechtsstreit für die Witwe.

Und noch einmal Worte des Propheten Jesaja. In Jesaja 58,2-7 findet sich dieses Gotteswort:

Sie suchen mich Tag für Tag und erheben den Anspruch, meine Wege zu kennen, wie ein Volk, das Gerechtigkeit geübt und das Recht seines Gottes nicht verlassen hat; sie verlangen von mir gerechte Urteile, begehren die Nähe Gottes: »Warum fasten wir, und du siehst es nicht, warum kasteien wir unsere Seelen, und du beachtest es nicht?«

Seht, an eurem Fastentag geht ihr euren Geschäften nach und treibt alle eure Arbeiter an! Siehe, ihr fastet, um zu zanken und zu streiten und dreinzuschlagen mit gottloser Faust; ihr fastet gegenwärtig nicht so, dass euer Schreien in der Höhe Erhörung finden könnte. Meint ihr, dass mir ein solches Fasten gefällt, wenn der Mensch sich selbst einen Tag lang quält und seinen Kopf hängen lässt wie ein Schilfhalm und sich in Sacktuch und Asche bettet? Willst du das ein Fasten nennen und einen dem Herrn wohlgefälligen Tag?

Ist das nicht ein Fasten, an dem ich Wohlgefallen habe: Dass ihr ungerechte Fesseln losmacht, dass ihr die Knoten des Joches löst, dass ihr die Unterdrückten freilasst und jegliches Joch zerbrecht? Besteht es nicht darin, dass du dem Hungrigen dein Brot brichst und arme Verfolgte ins Haus führst, dass, wenn du einen Entblößten siehst, du ihn bekleidest und dich deinem eigenen Fleisch nicht entziehst?

Anbetung ist ein Lebensstil. Der Lobpreis im Gottesdienst und das Leben im Alltag müssen einander entsprechen. Alles andere ist hohle Äußerlichkeit.

Anbetung als Antwort

Wo ist der allererste Psalm in der Bibel zu finden? Er findet sich nicht im Buch der Psalmen, wie man vielleicht vermuten könnte. Er findet sich viel weiter vorne in der Bibel, nämlich im 2. Buch Mose, Kapitel 15, und trägt die Überschrift »Moses Lobgesang«. Es handelt sich also um einen Lobpreispsalm, um einen Psalm der Anbetung.

Dieser allererste Psalm der Bibel weist nun eine Besonderheit auf, die er mit allen anderen Lobpreis-Psalmen der Bibel teilt. Diese Besonderheit wird leicht übersehen. Sie gibt jedoch Aufschluss darüber, was es mit der Anbetung Gottes im Innersten auf sich hat. Sie erschließt eine weitere Grundlinie der Anbetung Gottes. Es ist darum wichtig, sie möglichst genau zu erfassen.

In »Moses Lobgesang« (2Mo 15,1-2) heißt es:

> *Damals sangen Mose und die Israeliten dies Lied dem Herrn und sprachen: Ich will dem Herren singen, denn er hat eine herrliche Tat getan, Ross und Mann hat er ins Meer gestürzt.*

Was hier vorliegt, ist zunächst einmal der erste biblische Beleg, dass die Anbetung Gottes von Anfang an auch mit Liedern und Musik vonstatten ging. Wenn heute in Gottesdiensten der Christen Gott mit Liedern und Musikbegleitung gelobt wird, dann stehen die Christen damit also in einer langen biblischen Tradition.

»Moses Lobgesang« wurde unmittelbar nach dem Durchzug des Volkes Israel durch das Schilfmeer geschrieben. Er blickt auf die Ereignisse dieses Durchzuges zurück, zum Beispiel auf den jähen Tod der ägyptischen Elite-Soldaten in den zurückflutenden Wassermassen des Schilfmeeres.

Und nun ist interessant, wie dieser Psalm aufgebaut ist. Als Erstes findet sich ein Lobpreisanteil. Er lautet ganz einfach: *Ich will dem Herren singen.* Und danach folgt eine Begründung für diesen Lobpreis, also ein Begründungsanteil. Und der lautet: *Denn* (Begründung) *er hat eine herrliche Tat getan, Ross und Mann hat er ins Meer gestürzt.*

Dieser kurze Anbetungspsalm hat also zwei Anteile: 1. Einen Lobpreisanteil und 2. einen Begründungsanteil *(denn)*. Und jetzt ist eines wichtig. Der Begründungsanteil beschreibt eine Tat Gottes: *Ross und Mann hat er ins Meer gestürzt.* Und wenn man fragt: Wie hängen denn Lobpreisanteil und Begründungsanteil zusammen?, dann lautet die Antwort: Der Begründungsanteil ist das Fundament für den Lobpreisanteil. Das heißt, Mose blickt zurück auf eine Tat Gottes: *Ross und Mann hat Gott ins Meer gestürzt.* Und an dieser Tat Gott des entzündet sich nun sein Lobpreis: *Ich will dem Herren singen.* Das heißt, Moses Lobpreis ist ein Reflex, ist eine Antwort auf eine geschehene Tat Gottes.

Und damit wird nun eine ganz wesentliche Besonderheit der Anbetung Gottes fassbar. Die Anbetung Gottes ist immer ein Reflex, ist immer eine persönliche Antwort des Menschen auf die großen Taten Gottes. Anbetung ist immer so strukturiert, dass sie mit Worten des Lobpreises auf die großen Taten Gottes reagiert. Biblische Anbetung schwingt also nicht frei am Trapez! Sie ist immer direkt bezogen auf die großen Taten Gottes. Sie ist die Antwort der Glaubenden auf Gottes Handeln.

Man kann diese Erkenntnis nun überprüfen. Man kann herausfinden, ob sich diese Struktur auch in anderen Anbetungspsalmen der Bibel wiederfinden lässt. »Moses Lobgesang« bietet sich dafür direkt noch einmal an. Dort heißt es weiter (2Mo 15,2):

> *Der Herr ist meine Stärke und mein Lobgesang und ist mein Heil. Das ist mein Gott, ich will ihn preisen, er ist meines Vaters Gott, ich will ihn erheben.*

Hier liegt wieder ein Lobpreisanteil vor. Wenn die eben angestellte Analyse korrekt war, müsste nun bald auch wieder ein Bezug auf die großen Taten Gottes zu finden sein. Und tatsächlich, in den Versen 3-5 heißt es:

Der Herr ist der rechte Kriegsmann, Herr ist sein Name. Des Pharaos Wagen und seine Macht warf er ins Meer, seine auserwählten Streiter versanken im Schilfmeer. Die Tiefe hat sie bedeckt, sie sanken auf den Grund wie Steine.

Als Ergebnis kann also festgehalten werden: Biblische Anbetung ist immer die Antwort der Glaubenden auf das Handeln Gottes in der Geschichte.

Es wäre nun interessant herausfinden, ob auch andere Anbetungspsalmen der Bibel diese Zweiteilung von Lobpreisanteil und Begründungsanteil aufweisen, zum Beispiel Psalm 9. Dort heißt es (Ps 9,2):

Ich danke dem Herrn von ganzem Herzen und erzähle alle deine Wunder.

Wieder findet sich dieselbe Struktur. Da ist einerseits ein Lobpreisanteil *(Ich danke dem Herrn von ganzem Herzen)* und ein Begründungsanteil *(Ich erzähle alle deine Wunder).* David, der Verfasser von Psalm 9, will Gott danken. Und die Begründung dafür sind die großen Wunder Gottes, von denen er erzählen will und es dann in Psalm 9 auch ausführlich tut. Auch hier findet sich also wieder dieselbe Struktur. Der Lobpreis ist eine Antwort auf das Handeln Gottes.

Oder Psalm 92, ein weiterer Anbetungspsalm. Auch dort findet sich dieselbe zweigeteilte Struktur. Er beginnt mit einem Lobpreis (Ps 92,2-4):

Das ist ein köstlich Ding, dem Herren danken und lobsingen deinem Namen, du Höchster, des Morgens deine Gnade und des Nachts deine Wahrheit verkündigen auf dem Psalter mit zehn Saiten, mit Spielen auf der Harfe.

Nach dem Lobpreis folgt die Begründung (Psalm 92,5):

> *Denn, Herr, du lässest mich fröhlich singen von deinen Werken, und ich rühme die Taten deiner Hände.*

Wieder sind die Werke und Taten Gottes der Grund für den Lobpreis der Glaubenden. Der Lobpreis ist Antwort auf das Handeln Gottes.

Ganz ähnlich verhält es sich mit Psalm 117, einem sehr kurzen Anbetungspsalm. Dort heißt es:

> *Lobet den Herren, alle Heiden! Preiset ihn alle Völker! Denn seine Gnade und Wahrheit walten über uns in Ewigkeit. Halleluja!*

Dies ist ein wahrlich kurzer Anbetungspsalm, aber auch er hat die zweigeteilte Struktur: Er beginnt mit einem Lobpreis: *Lobet den Herren, alle Heiden! Preiset ihn alle Völker!* Und er liefert die Begründung dafür: *Denn seine Gnade und Wahrheit walten über uns in Ewigkeit. Halleluja!* Auch hier antwortet der Lobpreis auf das Handeln Gottes.

Ein letztes Beispiel: Psalm 135. Auch hier begegnet die inzwischen schon vertraute Anordnung. Zuerst kommt ein Lobpreis (Verse 1-3):

> *Halleluja! Lobet den Herrn, lobet, ihr Knechte des Herrn, die ihr steht im Hause des Herrn, in den Vorhöfen am Hause unseres Gottes!*
>
> *Lobet den Herrn, denn der Herr ist freundlich; lobsinget seinem Namen, denn er ist lieblich.*

Dann schließt sich die Begründung für den Lobpreis an:

> *Denn der Herr hat sich Jakob erwählt, Israel zu seinem Eigentum.*

Natürlich gibt es in der Bibel noch viele weitere Anbetungspsalmen.[2] Hier wurden nur einige herausgegriffen. Die Doppelstruktur von Lobpreisanteil und Begründungsanteil aber begegnet bei allen. Biblische Anbetung ist also grundsätzlich immer auf die Taten Gottes, auf das Handeln Gottes bezogen. Sie hat Antwortcharakter.

Und jetzt kann aus dieser schlichten Beobachtung eine ziemlich wichtige Schlussfolgerung für die Anbetung heute gezogen werden. Diese Schlussfolgerung lautet: Wenn die biblische Anbetung der Maßstab ist, an dem wir unsere Anbetung heute ausrichten, dann *muss* die Anbetung heute auch Antwort sein auf die großen Taten Gottes. Sie muss Antwort sein auf das Handeln Gottes in der Geschichte der Menschheit.

Und man kann sofort noch einen Schritt weitergehen und fragen: Wo erfährt man denn etwas über die großen Taten Gottes? Wo bekommt man denn Informationen über das Handeln Gottes in der Menschheitsgeschichte geliefert? Und da lautet die Antwort nun: Man bekommt sie im Wort Gottes geliefert. Man bekommt sie in der Bibel Alten und Neuen Testaments geliefert. Und damit ist klar: Die Anbetung der Christen heute muss unmittelbar auf das Wort Gottes bezogen sein. Sie muss Antwort auf die großen Taten Gottes sein, wie sie in der Bibel berichtet werden. Denn biblisch fundierte Anbetung ist immer Antwort auf das Wort Gottes.

Um nun nicht missverstanden zu werden: Natürlich gibt es im Leben jedes Einzelnen und auch im Leben jeder Gemeinde aktuelle Anlässe zum Lobpreis und zur Anbetung Gottes. Vielleicht hat jemand eine besondere

Bewahrung erlebt oder ist von langer Krankheit gesund geworden. Oder Gott hat ihn in besonderer Weise gesegnet, oder ein Mensch ist zum Glauben gekommen. Das ist Anlass zum Lobpreis und zur Anbetung Gottes. Und natürlich können und sollen solche Erfahrungen und Ereignisse in der Anbetung Gottes Raum haben. Aber das biblische Wort bleibt dabei immer die Grundlage, an der alle Erfahrungen und Ereignisse gemessen werden. Das biblische Wort bleibt der Maßstab, an dem alle aktuellen Erfahrungen mit Gott gemessen werden. Auch der Lobpreis Gottes für ganz aktuelle Ereignisse und Erfahrungen bleibt immer bezogen auf das klare und unfehlbare Wort Gottes.

Anbetung als biblischer Begriff

Wer eine Kurzdefinition von »Anbetung« sucht, kommt auf keinen Fall am vierten Kapitel des Johannesevangeliums vorbei. Denn dort findet sich die kürzeste und gleichzeitig umfassendste Bestimmung dieses biblischen Begriffs. Im Gespräch mit einer samaritischen Frau an einem Brunnen der Stadt Sichar hat Jesus diese Begriffsbestimmung gegeben (Joh 4,21-24):

> *Jesus spricht zu ihr: Frau, glaube mir, es kommt die Stunde, wo ihr weder auf diesem Berg noch in Jerusalem den Vater anbeten werdet. Ihr betet an, was ihr kennt; wir beten an, was wir kennen, denn das Heil kommt von den Juden. Aber die Stunde kommt und ist schon da, wo die wahren Anbeter den Vater im Geist und in der Wahrheit anbeten werden; denn der Vater sucht solche Anbeter. Gott ist Geist, und die ihn anbeten, müssen ihn im Geist und in der Wahrheit anbeten.*

In nur vier Versen hat Jesus hier alles Wesentliche über die wahre Anbetung Gottes gesagt. Er beginnt mit dem Einfachen und Offensichtlichen. Wahre Anbetung Gottes ist nicht an bestimmte Orte gebunden, weder an den Berg Garizim, in dessen unmittelbarer Nähe Jesus sich zu dem Zeitpunkt gerade befand, noch an den Zionsberg in Jerusalem, wo damals der Tempel stand. Wahre Anbetung Gottes ist nicht festgelegt auf äußere Dinge, auf bestimmte Orte, Feiertage, Riten und Gebräuche. Wahre Anbetung Gottes ist eine Sache, die von innen kommt, die ein Mensch mit dem Herzen, mit der Seele und mit allen seinen Kräften tut. So ist es auch eben schon im Abschnitt über Anbetung als Lebensstil deutlich geworden. Anbetung, wie Gott sie sucht, besteht nicht in äußeren Dingen, sondern kommt aus dem ganzen Herzen des ganzen Menschen.

Und dann formuliert Jesus das Entscheidende:

> *Aber die Stunde kommt und ist schon da, wo die wahren Anbeter den Vater im Geist und in der Wahrheit anbeten werden; ... Gott ist Geist, und die ihn anbeten, müssen ihn im Geist und in der Wahrheit anbeten.*

Müssen steht da! Die Gott anbeten, *müssen* ihn im Geist und in der Wahrheit anbeten. Weder »können« steht da, noch »sollten«, auch nicht »dürfen«, sondern »müssen«. Das heißt, hier wird keine Option präsentiert, keine bloße Möglichkeit, sondern eine zwingende Notwendigkeit. Gott ist Geist, und die ihn anbeten, müssen ihn im Geist und in der Wahrheit anbeten.

Im Geist und in der Wahrheit – Was meint Jesus genau damit? Was bedeutet zum Beispiel der Begriff *Geist* in diesem Zusammenhang?

Die Ausleger sind sich im Wesentlichen einig, dass mit *Geist* hier der Heilige Geist gemeint ist, nicht der Geist des Menschen. Das kann man daran erkennen, dass Jesus zunächst feststellt, dass Gott Geist ist. Und gleich danach macht er klar, dass Anbetung nur im Geist geschehen kann. Da liegt es nahe, dass in beiden Fällen vom Geist Gottes die Rede ist.

Aber wie sieht sie aus, die Anbetung Gottes im Heiligen Geist? Und warum ist die Anbetung im Heiligen Geist eine zwingende Notwendigkeit?

Eine erste Antwort erschließt sich, wenn man bedenkt, was Christen eigentlich für Leute sind. Es sind Menschen, die den Geist Gottes bekamen, als sie Christen wurden. Sie wurden in dem Augenblick, als sie die Bekehrung zu Jesus vollzogen, neu geboren im Heiligen Geist (Joh 3,5), und sie wurden mit dem Heiligen Geist versiegelt (Eph 4,30). Das heißt, der Geist Gottes wurde ein fester Bestandteil ihres Lebens. Und dieser Heilige Geist ist es, der die Verbindung zwischen jedem einzelnen Christen und dem lebendigen Gott herstellt. Der Heilige Geist lässt sie die Bibel verstehen, lässt sie wachsen und reifen im Vertrauen zu Gott und zieht sie immer tiefer hinein in die Gemeinschaft mit dem Vater im Himmel. Er betet sogar an ihrer Stelle, wenn sie es aus irgendeinem Grunde einmal nicht können (Röm 8,26).

Und damit ist klar: Wer den Geist Gottes nicht hat, der hat überhaupt keine Verbindung zu Gott. Der *kann* überhaupt nicht Gott anbeten, so wie es angemessen ist. Und darum ist für die Anbetung Gottes die Gegenwart des Heiligen Geistes zwingend erforderlich. Kein bekennender Muslim, um nur ein Beispiel zu nennen, kann eine Anbetung vollziehen, wie Gott sie will. Er *kann es nicht,* weil er den Heiligen Geist nicht hat.

Gott ist Geist, und die ihn anbeten, müssen ihn im Geist ... anbeten. Das heißt auch: Wer Gott anbeten will, dessen Leben muss unter der Leitung des Heiligen Geistes stehen. Im Römerbrief (Röm 8,14) heißt es dazu: *Alle, die durch den Geist Gottes geleitet werden, die sind Gottes Kinder.* Zur Anbetung des lebendigen Gottes im Geist gehört es also, dass mein Tun und Lassen als Christ dem Willen Gottes entspricht, dass ich den Heiligen Geist nicht durch handfeste Sünde betrübe (Eph 4,30), sondern mein Leben am Wort Gottes und seinen Maßstäben ausrichte. Wer sein Leben als Christ kontinuierlich durch Fehlverhalten und Schuld belastet, kann keine Anbetung vollziehen, wie Gott sie gefällt. Sein Leben steht in krassem Gegensatz zu der Reinheit und Heiligkeit Gottes.

Dabei ist klar, dass niemand erst perfekt sein muss, bevor er wahre Anbetung vollziehen könnte. Solange die Christen auf dieser Erde leben, werden sie nicht perfekt werden. Aber wer als Christ *kontinuierlich* in Sünde lebt und nicht bereit ist, mit ihr zu brechen und konkrete, schmerzhafte Buße zu tun, der verbaut sich selbst den Weg zur Anbetung Gottes im Heiligen Geist.

Anbetung im Heiligen Geist hat nun aber noch einen weiteren wichtigen Aspekt. Im Johannesevangelium (Joh 16,13-14) wird folgendes Wort von Jesus überliefert:

> *Wenn aber jener kommt, der Geist der Wahrheit, so wird er euch in die ganze Wahrheit leiten; denn er wird nicht aus sich selbst reden, sondern was er hören wird, das wird er reden. ... Er wird mich verherrlichen, denn von dem Meinen wird er's nehmen und euch verkündigen.*

Der Heilige Geist ist der, welcher die Gläubigen in alle Wahrheit leitet. Und die »Wahrheit«, das ist nun nicht irgendetwas. Die »Wahrheit« ist das biblische Wort mit Jesus Christus als seiner Mitte. Wenn nun der Heilige Geist in die ganze Wahrheit leitet und die Wahrheit das biblische Wort ist, dann ist Anbetung im Heiligen Geist eine Anbetung, die sich verbindlich und gehorsam am biblischen Wort orientiert. Es ist eine Anbetung, die sich immer wieder das Wort Gottes vom Geist Gottes aufschließen lässt und es beherzigt. Es ist eine auf Gottes Wort bezogene Anbetung. Es ist eine Anbetung, die sich vom Wort Gottes her immer wieder anleiten und korrigieren lässt.

Und damit wird jetzt auch klar, was Jesus meint, wenn er sagt, dass diejenigen, die Gott anbeten, ihn im Geist und in der Wahrheit anbeten müssen. Wahre Anbetung ist gegründet und gebunden in der Wahrheit des Wortes Gottes.

In Johannes 4,23 betont Jesus abschließend, dass der Vater solche Anbeter *sucht*, die ihn im Geist und in der Wahrheit anbeten. *Sucht* ... das ist ein sehr starkes Wort, das ein aktives Handeln Gottes beschreibt. Es ist in der Tat so, dass der lebendige Gott Menschen sucht, die ihn anbeten. Und natürlich könnte man an dieser Stelle fragen: Warum ist das eigentlich so, dass Gott solche Menschen sucht? Und die Antwort lautet: Einfach, weil es angemessen ist. Es ist angemessen, dass wir Menschen unserem Schöpfer, Erlöser und Erhalter anbetend gegenübertreten. Denn er ist Gott, und wir sind Menschen. Anbetung ist also die natürlichste und angemessenste Haltung, die wir Menschen Gott gegenüber überhaupt einnehmen können. Es ist schließlich die Bestimmung von uns Menschen. Und darum sucht Gott solche Menschen: Menschen, die nicht gegen ihn rebellieren, oder ihm mit kalter Gleichgültigkeit gegenüberstehen, sondern ihrer Bestimmung gerecht werden und ihn anbeten im Geist und in der Wahrheit.

3

DIE PRAXIS DER ANBETUNG

Der Gott, den wir anbeten

Wer über Anbetung spricht, tut gut daran, von vornherein im Blick zu behalten, wie denn in der Bibel selbst Gott angebetet wird. Welche Schwerpunkte setzen die biblischen Schriften in der konkreten, praktischen Anbetung Gottes? Mit welchen Worten wird in der Bibel selbst Gott angebetet und warum?

Einiges davon ist in den vorangegangenen Kapiteln schon deutlich geworden. Worte der Anbetung aus dem Alten Testament, aus dem 2. Buch Mose und den Psalmen, aber auch Worte der Anbetung aus dem Neuen Testament, dem Römer-, Epheser- und Philipperbrief haben wesentliche Aspekte biblischer Anbetung beleuchtet. Hier nun im Abschnitt über die Praxis der Anbetung soll ein weiteres Buch der Bibel zu Wort kommen, das in der Tat viel zu diesem Thema beizutragen hat: das Buch der Offenbarung.

Die Offenbarung präsentiert an mindestens vier verschiedenen Stellen Gebete, die im Himmel gebetet werden. Genauer: Es präsentiert konkrete Anbetung Gottes, die von den himmlischen Heerscharen am Thron Gottes vollzogen wird. Und man ist gut beraten, diesen Einblick in die Anbetung der himmlischen Welt zur Kenntnis nehmen. Er kann Hilfe und Orientierung sein für die eigene Anbetung hier auf der Erde.

Das Buch der Offenbarung liefert mehrere Aspekte der Anbetung Gottes. Drei sind besonders wichtig: die Anbetung Gottes als den Schöpfer, als den Erlöser (das Lamm) und als den König. Alle drei zeigen jene besondere Eigenart der Anbetung, die so typisch für die Bibel ist. Sie sind ein Reflex, eine Antwort auf die großen Taten Gottes.

Die Anbetung des Schöpfers[3]

Im vierten Kapitel des Buches der Offenbarung (Offb 4,1-11) heißt es:

> *Nach diesem schaute ich, und siehe, eine Tür war geöffnet im Himmel; und die erste Stimme, die ich gleich einer Posaune mit mir reden gehört hatte, sprach: Komm hier herauf, und ich will dir zeigen, was nach diesem geschehen muss!*
>
> *Und sogleich war ich im Geist; und siehe, ein Thron stand im Himmel, und auf dem Thron saß einer. Und der darauf saß, war in seinem Aussehen einem Jaspis- und einem Sardisstein gleich; und ein Regenbogen war rings um den Thron, der glich in seinem Aussehen einem Smaragd. Und rings um den Thron waren 24 Throne, und auf den Thronen sah ich 24 Älteste sitzen, die mit weißen Häuptern bekleidet waren und auf ihren Häuptern goldene Kronen hatten.*
>
> *Und von dem Thron gingen Blitze und Donnern und Stimmen aus, und sieben Feuerfackeln brennen vor dem Thron, welche die sieben Geister Gottes sind. Und vor dem Thron war ein gläsernes Meer, gleich Kristall; und in der Mitte des Thrones und rings um den Thron waren vier lebendige Wesen; voller Augen vorn und hinten. Und das erste lebendige Wesen*

glich einem Löwen, das zweite lebendige Wesen glich einem jungen Stier, das dritte lebendige Wesen hatte ein Angesicht wie ein Mensch, und das vierte lebendige Wesen glich einem fliegenden Adler. Und jedes einzelne von den vier lebendigen Wesen hatte sechs Flügel; ringsherum und inwendig waren sie voller Augen, und unaufhörlich rufen sie bei Tag und bei Nacht:

Heilig, heilig, heilig ist der Herr, Gott, der Allmächtige, der war und der ist und der kommt!

Und jedesmal, wenn die lebendigen Wesen Herrlichkeit und Ehre und Dank darbringen dem, der auf dem Thron sitzt, der lebt von Ewigkeit zu Ewigkeit, so fallen die 24 Ältesten nieder vor dem, der auf dem Thron sitzt, und beten den an, der lebt von Ewigkeit zu Ewigkeit; und sie werfen ihre Kronen vor dem Thron nieder und sprechen:

Würdig bist du, o Herr, zu empfangen den Ruhm und die Ehre und die Macht; denn du hast alle Dinge geschaffen, und durch deinen Willen sind sie und wurden sie geschaffen!

In der Anbetung des lebendigen Gottes begegnet uns zunächst der heilige Gott: *Heilig, heilig, heilig ist der Herr,* heißt es in Offenbarung 4,8, *Gott, der Allmächtige, der war und der ist und der kommt!* Am Anfang steht der heilige Gott. Und das ist alles andere als ein Zufall. Denn das Wesen Gottes ist zutiefst Licht und Reinheit und Wahrheit. Im 1. Johannesbrief (1Jo 1,5) heißt es: *Gott ist Licht, und in ihm ist gar keine Finsternis.* Wer in die Anbetung Gottes eintritt, muss damit rechnen, dass er unversehens vor dem heiligen Gott steht, dessen Heiligkeit ihn erschreckt und ihm seine eigene Unwürdigkeit schlagartig bewusst macht.

Auch ein Prophet Jesaja hat das erlebt, dass er mit in die Anbetung der himmlischen Heerscharen hineingenommen und unversehens mit der Heiligkeit Gottes konfrontiert wurde. Er hat damals einen Schrei ausgestoßen. Ein Schrei des Entsetzens war sein einziger Beitrag zu der im Gang befindlichen Anbetung Gottes. Im Buch des Propheten Jesaja (Jes 6,1-5) wird davon berichtet:

> *Im Todesjahr des Königs Ussija sah ich den Herrn sitzen auf einem hohen und erhabenen Thron, und seine Säume erfüllten den Tempel. Seraphim standen über ihm; jeder von ihnen hatte sechs Flügel: mit zweien bedeckten sie ihr Angesicht, mit zweien bedeckten sie ihre Füße und mit zweien flogen sie. Und einer rief dem andern zu und sprach: »**Heilig, heilig, heilig**, ist der Herr der Heerscharen; die ganze Erde ist erfüllt von seiner Herrlichkeit.« Da erbebten die Pfosten der Schwellen von der Stimme des Rufenden, und das Haus wurde mit Rauch erfüllt. Da sprach ich: Wehe mir, ich vergehe! Denn ich bin ein Mann mit unreinen Lippen und wohne unter einem Volk, das unreine Lippen hat; denn meine Augen haben den König, den Herrn der Heerscharen, gesehen.*

Die Anbetung Gottes kann bisweilen etwas anders laufen, als Menschen es erwarten. Es kann geschehen, dass das biblische Wort sie vor den Herrn der Heerscharen stellt, dessen Wesen Heiligkeit ist. Und dann wäre es gut und angemessen, wenn sie es machten wie Jesaja und ihre eigene Unwürdigkeit und Sündhaftigkeit vor Gott eingestehen würden. Anbetung ist Antwort auf die Taten Gottes und das Wesen Gottes, das sich in seinen Taten zeigt. Und die Antwort auf die Begegnung mit dem heiligen Gott ist Scham und Schulderkenntnis. Und ganz gewiss ist es kein schlechter Beginn der Anbetung, wenn sie mit dem Bekenntnis der eigenen Unwürdigkeit beginnt.

Psalm 51 unterstreicht diese Erkenntnis. Auch dort ist von der Anbetung Gottes die Rede. Und dort heißt es (Ps 51,17-19):

> *Herr, tue meine Lippen auf, dass mein Mund deinen Ruhm verkündige. Denn Schlachtopfer willst du nicht, ich wollte sie dir sonst geben, und Brandopfer gefallen dir nicht. Die Opfer, die Gott gefallen, sind ein geängsteter Geist. Ein zerschlagenes Herz wirst du, Gott, nicht verachten.*

Hier wird die die Grundvoraussetzung der Anbetung Gottes genannt: ein Herz, das seine eigene Ichhaftigkeit und Sündhaftigkeit erkennt und den Abstand zu dem heiligen Gott empfindet und darum geängstet und zerschlagen ist. Die erste Voraussetzung biblischer Anbetung ist immer die Einsicht in die eigene Erlösungsbedürftigkeit.

Nach der Anbetung des heiligen Gottes nun die Anbetung des Schöpfers: *Würdig bist du, o Herr,* heißt es in Offenbarung 4,11, *zu empfangen den Ruhm und die Ehre und die Macht; denn du hast alle Dinge geschaffen, und durch deinen Willen sind sie und wurden sie geschaffen!*

Es ist auffällig, dass die Anbetung Gottes, wie sie das Buch der Offenbarung präsentiert, nicht mit der Anbetung des gnädigen, erbarmenden Gottes beginnt. Sie beginnt nicht mit der Anbetung des Sohnes Gottes, der sein Leben gab. Sie beginnt mit der Anbetung des Schöpfers. Warum ist das wohl so? Darf man das überhaupt machen? Muss denn nicht das Kreuz Jesu Christi am Anfang stehen und alles andere überragen?

Wie auch immer man diese Fragen beantwortet, *eines* steht auf jeden Fall fest. Die Anbetung, die im Thronsaal Gottes geschieht, stellt ohne jeden Zweifel die Anbetung des Schöpfers an den Anfang. Und es wird auch schnell klar, warum dies so ist. Wer nämlich Gott als Schöpfer nicht kennt, wird sich auch nicht nach Gott, dem Erlöser ausstrecken. Wer nicht begriffen hat, dass er als Mensch einen Schöpfer hat, dem er verantwortlich ist, der wird wohl kaum nach dem Retter suchen, der ihn im Gericht Gottes bewahrt.

Der Apostel Paulus hat in seinen Evangelisationspredigten gern als Erstes über Gott, den Schöpfer gepredigt. Er wusste: Wer sich selbst als Geschöpf des Schöpfers erkannt hat, versteht, dass Gott eines Tages Bilanz ziehen wird über sein Leben. Und das wird ihn offen und empfänglich machen für die Botschaft des Evangeliums.

Am Anfang der Anbetung steht also der heilige Gott, der Schöpfer und Erhalter der Erde. Und in der Tat zieht sich seine Anbetung quer durch die Bibel hindurch: *Die Himmel erzählen die Herrlichkeit Gottes und die Ausdehnung verkündigt das Werk seiner Hände,* heißt es in Psalm 19,1. *Dem Herrn gehört die Erde und was sie erfüllt, der Erdkreis und seine Bewohner,* fügt Psalm 24 hinzu (Ps 24,1). Und Salomo betete anlässlich der Tempeleinweihung (1Chr 29,14): *Denn was bin ich, und was ist mein Volk, dass wir Kraft haben sollten, in solcher Weise freiwillig zu geben? Denn von dir kommt alles, und aus deiner eigenen Hand haben wir dir gegeben.*

Die Anbetung des Schöpfers ist so bitter nötig! Wenn Menschen den Schöpfer nicht mehr anbeten, dann wächst die Gefahr, dass sie die Erde als ihr Eigentum betrachten und ausbeuten und missbrauchen für selbstsüchtige Zwecke. Wenn Menschen den Schöpfer nicht mehr anbeten, wächst die Gefahr, dass sie schludrig und verschwenderisch mit den Dingen und Mitteln umgehen, die Gott ihnen anvertraut hat. Wenn Menschen den Schöpfer nicht mehr anbeten, dann vergessen sie, dass der lebendige Gott es ist, der alles reichlich zum Genuss darreicht (1Tim 6,17). Wenn Menschen den Schöpfer nicht mehr anbeten, dann schleicht sich leicht eine zynische Einstellung zum

Leben ein, die gar nicht mehr sieht, was Gott alles an Gutem tagtäglich in das Leben seiner Geschöpfe füllt. Könnte es sein, dass viele der ökologischen Probleme, mit denen die Menschheit heute zu kämpfen hat, aus einer fehlenden Anbetung des Schöpfers resultieren?

Peter Strauch hat die Anbetung des Schöpfers in einem sehr schönen Lied einfühlsam in Worte gefasst. Er schreibt:

> *Herr, ich sehe deine Welt, das weite Himmelszelt, die Wunder deiner Schöpfung. / Alles das hast du gemacht, den Tag und auch die Nacht, wir danken dir dafür. / Berge, Flüsse und die Seen, die Täler und die Höh'n sind Zeichen deiner Liebe. / Sonne, Wolken, Sand und Meer, die loben dich so sehr, sie preisen deine Macht.*
>
> > *Darum bete ich dich an, weil ich nicht schweigen kann. / Die Freude füllt mein Singen. / Staunend habe ich erkannt, ich bin in deiner Hand, und du lässt mich nicht los.*
>
> *Auch die Menschen sind von dir und haben Leben hier / durch deine große Güte. / Fühlen, Wollen und Verstand, sind Werke deiner Hand, entstammen deinem Plan. / Ist der Mensch auch sehr entstellt, weil er die Sünde wählt, du willst ihn nicht zerstören. / Deine Liebe macht ihn frei von aller Tyrannei, wenn er auf dich vertraut.*
>
> > *Darum bete ich dich an, weil ich nicht schweigen kann. / Die Freude füllt mein Singen. / Staunend habe ich erkannt, ich bin in deiner Hand, und du lässt mich nicht los.*

Text & Melodie: Peter Strauch

Die Anbetung des Erlösers[4]

Das fünfte Kapitel im Buch der Offenbarung führt uns hinein in die Anbetung Jesu Christi, des Erlösers. Es führt uns mitten hinein in die Anbetung des »Lammes«. Im Buch der Offenbarung (Offb 5,6-14) heißt es:

> *Und ich sah, und siehe, in der Mitte des Thrones und der vier lebendigen Wesen und inmitten der Ältesten stand ein Lamm, wie geschlachtet; es hatte sieben Hörner und sieben Augen, welche die sieben Geister Gottes sind, die ausgesandt sind über die ganze Erde. Und es kam und nahm das Buch aus der Rechten dessen, der auf dem Thron saß.*
>
> *Und als es das Buch nahm, fielen die vier lebendigen Wesen und die 24 Ältesten vor dem Lamm nieder, und sie hatten jeder eine Harfe und eine goldene Schale voll Räucherwerk; das sind die Gebete der Heiligen. Und sie sangen ein neues Lied, indem sie sprachen:*
>
> *Du bist würdig, das Buch zu nehmen und seine Siegel zu öffnen; denn du bist geschlachtet worden und hast uns für Gott erkauft mit deinem Blut aus allen Stämmen und Sprachen und Völkern und Nationen, und hast uns zu Königen und Priestern gemacht für unseren Gott, und wir werden herrschen auf Erden.*
>
> *Und ich sah, und ich hörte eine Stimme von vielen Engeln rings um den Thron und um die lebendigen Wesen und die Ältesten; und ihre Zahl war zehntausendmal zehntausend und tausendmal tausend; die sprachen mit lauter Stimme:*
>
> *Würdig ist das Lamm, das geschlachtet worden ist, zu empfangen Macht und Reichtum und Weisheit und Stärke und Ehre und Ruhm und Lob!*
>
> *Und jedes Geschöpf, das im Himmel und auf der Erde und unter der Erde ist, und was auf dem Meer ist, und alles, was in ihnen ist, hörte ich sagen:*

Dem, der auf dem Thron sitzt, und dem Lamm gebührt das Lob und die Ehre und der Ruhm und die Macht von Ewigkeit zu Ewigkeit!

Und die vier lebendigen Wesen sprachen: Amen! Und die 24 Ältesten fielen nieder und beteten den an, der lebt von Ewigkeit zu Ewigkeit.

Der bekannte Prediger und Theologe Dr. Martyn Lloyd-Jones hat einmal geschrieben: »Ein Christ ist jemand, der es kaum fassen kann, dass ihm vergeben wurde. Er nimmt diese Vergebung niemals als selbstverständlich hin.«

Und genau darum geht es in der Anbetung Jesu. Sie steht in nicht enden wollendem Staunen vor der Tatsache, dass der Sohn Gottes bereit war, sein Leben zu geben für eine in Sünde verlorene Welt. Sie steht in nicht enden wollendem ehrfürchtigen Staunen vor der Tatsache, dass es dieses Sühneopfer am Kreuz von Golgatha wirklich gegeben hat, dass es ausreicht für jede noch so tiefe Sünde und dass es für alle Zeiten gültig ist.

Achtundzwanzigmal wird Jesus im Buch der Offenbarung das »Lamm« genannt. Und schon allein diese Zahl zeigt den Stellenwert, den Jesus, der Gekreuzigte und Auferstandene, in der biblischen Offenbarung hat. Er ist die Mitte.

Das wird auch gleich zu Beginn des Textes aus Offenbarung 5 deutlich. Dort heißt es (Offb 5,6): *Und ich sah, und siehe, in der Mitte des Thrones und der vier lebendigen Wesen und inmitten der Ältesten stand ein Lamm, wie geschlachtet.*

Das Lamm – ein Bild für Jesus, den Erlöser, – steht in der Mitte des Thrones. Der Vater sitzt auf dem Thron (Offb 5,1). Das Lamm aber steht in der Mitte des Thrones. Jesus, der Erlöser, ist darum die Mitte der Anbetung Gottes.

Und nun ist interessant, wie das Lamm Gottes im Einzelnen beschrieben wird (Offb 5,6): *Es hat sieben Hörner.* Sieben ist in der Bibel immer die Zahl der Vollkommenheit. Und so sind sieben Hörner ein Bild für die vollkommene Macht des Lammes. Das Lamm hat auch sieben Augen. Sie sind ein Zeichen für seine vollkommene Weisheit. Und es hat sieben Geister. Sie sind ein Zeichen für seine Allgegenwart auf der Erde.

Das Lamm in der Mitte des Thrones ist also allmächtig, allwissend und allgegenwärtig. Es ist erhöht über alle Mächte der Erde. *Gott hat Christus zu seiner Rechten gesetzt in den himmlischen Regionen,* heißt es im Epheserbrief (Eph 1,20-22), *hoch über jedes Fürstentum und jede Gewalt, Macht und Herrschaft und jeden Namen, der genannt wird nicht allein in dieser Weltzeit, sondern auch in der zukünftigen; und er hat alles seinen Füßen unterworfen.* Und der alleinige, beherrschende Grund für diese einzigartige, herausgehobene Position ist sein Sühnetod am Kreuz auf Golgatha. Offenbarung 5,12 bringt es in Worten der Anbetung auf den Punkt:

> *Würdig ist das Lamm, das geschlachtet worden ist, zu empfangen Macht und Reichtum und Weisheit und Stärke und Ehre und Ruhm und Lob!*

Die Anbetung des Lammes ist immer das Zentrum der Anbetung Gottes. Hätte es das Lamm Gottes nicht gegeben, es gäbe heute überhaupt keine Anbetung aus Menschenmund. Es gäbe dann nur Verlorenheit.

Eine Gemeinde, die Jesus als das Lamm Gottes anbetet, zeigt damit vor Gott, dass das Evangelium, die Gute Nachricht von Jesus, bei ihr zum Ziel gekommen ist. Eine Gemeinde, die Jesus anbetet als das Lamm Gottes, ist aber gleichzeitig auch eine Gemeinde, in der das Feuer der Evangelisation brennt. Es ist unmöglich, einerseits

Jesus Christus als das Lamm Gottes anzubeten und andererseits gleichgültig an den Menschen vorbeizugehen, die noch verloren sind. Eine Gemeinde, die in der Anbetung des Lammes steht, ist darum immer auch eine Gemeinde, die Jesus bekennt vor den Menschen.

Friedrich von Bodelschwingh hat die Anbetung Jesu, des Mannes von Golgatha, unvergleichlich in Worte gefasst. Er schreibt:

Nun gehören unsre Herzen ganz dem Mann von Golgatha, / der in bittren Todesschmerzen das Geheimnis Gottes sah. / Das Geheimnis des Gerichtes über aller Menschen Schuld, / das Geheimnis neuen Lichtes aus des Vaters ew'ger Huld.

Nun in heil'gem Stilleschweigen stehen wir auf Golgatha, / tief und tiefer wir uns neigen vor dem Wunder, das geschah, / als der Freie ward zum Knechte und der Größte ganz gering, / als für Sünder der Gerechte in des Todes Rachen ging.

Doch ob tausend Todesnächte liegen über Golgatha, / ob der Hölle Lügenmächte triumphieren fern und nah: / Dennoch dringt als Überwinder Christus durch des Sterbens Tor, / und die sonst des Todes Kinder, führt zum Lichte er empor.

Schweigen müssen nun die Feinde vor dem Sieg von Golgatha, / die begnadigte Gemeinde sagt zu Christi Wegen Ja! / Ja, wir danken deinen Schmerzen, ja wir preisen deine Treu, / ja, wir dienen dir von Herzen; Ja, du machst einst alles neu.

Die Anbetung des Königs[5]
Im elften Kapitel des Buches der Offenbarung heißt es (Offb 11,15-18):

> *Und der siebte Engel stieß in die Posaune; da ertönten laute Stimmen im Himmel, die sprachen:*
> *Die Königreiche der Welt sind unserem Herrn und seinem Gesalbten zuteil geworden, und er wird herrschen von Ewigkeit zu Ewigkeit!*
> *Und die 24 Ältesten, die vor Gott auf ihrem Thron saßen, fielen auf ihr Angesicht und beteten Gott an und sprachen:*
> *Wir danken dir, o Herr, Gott, du Allmächtiger, der du bist und der du warst und der du kommst, dass du deine große Macht an dich genommen und die Königsherrschaft angetreten hast. Und die Völker sind zornig geworden, und dein Zorn ist gekommen und die Zeit, dass die Toten gerichtet werden, und dass du deinen Knechten, den Propheten, den Lohn gibst, und denen, die deinen Namen fürchten, den Kleinen und den Großen, und dass du die verdirbst, welche die Erde verderben!*

Was hier vorliegt, ist ein sehr ungewöhnliches Beispiel für die Anbetung Gottes: seine Anbetung als *König.*

Natürlich stellt sich die Frage: Was für ein König ist das eigentlich, den die Christen anbeten? Es ist der König, der einst eine Dornenkrone für sie getragen hat und der jetzt alle Macht in Händen hält. Es ist der König, der jetzt schon die Geschicke der Völker auf den Tag seiner sichtbaren Wiederkunft hinlenkt. Es ist der König, der jetzt schon durch das biblische Wort und durch seinen Heiligen Geist in den Herzen der Glaubenden seine Herrschaft ausübt. Es ist der König, der einst die Nationen gerecht richten wird.

Zu den Aspekten der Königsherrschaft Christi zählt auch seine Funktion als Richter. Und eben diese seine Funktion als Richter der Menschen ist hier der entscheidende Punkt, auf den sich die Anbetung richtet.

In Psalm 96,11-13 heißt es:

> *Es freue sich der Himmel, und die Erde frohlocke, es brause das Meer und was es erfüllt! Es jauchze das Feld und alles, was darauf ist! Dann sollen alle Bäume des Waldes jubeln vor dem Herrn, denn er kommt. Denn er kommt, um die Erde zu richten! Er wird den Erdkreis richten mit Gerechtigkeit und die Völker in seiner Treue.*

Das Gericht Gottes hat zwei Seiten, eine sehr schöne und eine sehr ernste. Die schöne Seite ist, dass im Endgericht Gottes die Wahrheit Gottes sich endgültig durchsetzen wird. Gottes Licht und Wahrheit werden alles ausfüllen und alles bestimmen. Alle, die im Laufe der Jahrhunderte und Jahrtausende an Jesus geglaubt haben, werden endlich sehen, was sie bislang nur geglaubt hatten, und werden darin den Lohn für manche Entbehrungen, Verfolgungen und Nachteile in ihrem irdischen Leben haben.

Die ernste Seite des Gerichtes Gottes aber ist die, dass dann Menschen für immer verloren gehen werden, dazu verurteilt, für immer unter dem Zorn Gottes zu bleiben, ohne die kleinste Möglichkeit, noch einmal etwas daran ändern zu können. Das ist ernst, und jeder, der die Bibel ernst nimmt, weiß das.

Ausgerechnet Gottes Herrschaft als der Richter wird nun hier in Offenbarung 11 zum Gegenstand der Anbetung. Darf man das denn?, könnte man fragen. Ist es angemessen, den lebendigen Gott dafür anzubeten, dass er als der König auch der Richter ist? Manche haben an dieser Stelle vielleicht ein unbehagliches Gefühl. Können wir, dürfen wir im Gottesdienst unserer Gemeinde auch Gott als den Richter anbeten?, so fragen sie vielleicht.

Nun, ganz offensichtlich ist das nicht nur möglich und erlaubt, sondern auch geboten. Denn im Himmel passiert das schon. Dort wird genau diese Art der Anbetung bereits vollzogen. Derselbe Gott, der die Sünde der Menschheit in seinem Sohn Jesus richtete, der wird auch eines Tages die Nationen richten. Seine Wahrheit wird sich umfassend durchsetzen. Es ist darum sehr angemessen, auch diesen Aspekt seiner Herrschaft in die Anbetung einzubeziehen.

Die Anbetung Gottes als den souveränen König und Richter bewahrt uns vor einer sentimentalen Sicht der Sünde und – vor einer sentimentalen Sicht des Kreuzes. Denn das Kreuz auf Golgatha ist nicht nur ein Zeichen der Liebe Gottes. Es ist auch das Zeichen des Gerichtes Gottes über die Sünde. Schließlich ist Jesus nicht in die Welt gekommen, um die Sünde zu tolerieren, sondern um sein Leben als Sühne für sie zu geben und sie so dem Gericht zuzuführen!

Im 2. Korintherbrief steht ein Satz, der bringt diese Tatsache sehr deutlich zum Ausdruck (2Kor 5,21):

> *Gott hat den, der von keiner Sünde wusste, für uns zur Sünde gemacht* (am Kreuz), *damit wir in ihm zur Gerechtigkeit Gottes würden.*

Das Kreuz ist der Ort, wo der lebendige Gott die Sünde an seinem Sohn richtete. Derselbe Gott, der das für uns tat, wird auch die Nationen richten und die Menschen, die seinen Sohn verwarfen und die Gnade Gottes für nichts achteten. Wenn wir Jesus als den König und Richter der Welt anbeten, dann bekennen wir damit, dass das so ist! Wer bekennt, dass Gott die Liebe ist, muss auch bekennen, dass er *ein verzehrendes Feuer* ist (Hebr 12,29).

Macht man sich in den gängigen geistlichen Liederbüchern auf die Suche nach einem Lied, das die Anbetung Gottes als Richter zentral zum Inhalt hat, stellt man überrascht fest: Es gibt zwar etliche Lieder, die Jesus als König anbeten – zum Beispiel das bekannte Lied von Naida Hearn: »Jesus, höchster Name ...«. Es gibt aber nur wenige Lieder, die Jesus auch als den Richter anbeten.

Am ehesten liefert vielleicht Manfred Siebalds »Keiner weiß wann ...« ein Beispiel für die gelungene Anbetung Jesu als Richter. Siebald schreibt:

Keiner weiß wann, keiner weiß wie; doch alle werden dich sehen.
Einer sagt »jetzt«, ein anderer »nie«, doch alle werden dich sehn.
Du hast gesagt, du kommst zurück und alle werden dich sehn.
Du allein weißt den Augenblick, doch alle werden dich sehn.
Wird es Tag oder Nacht bei uns sein?
Kommst du in unser Spiel, unsre Arbeit hinein?
Tänzer beim Tanz, Läufer beim Lauf, – alle werden dich sehn.
Schläfer beim Schlaf, Käufer beim Kauf, sie alle werden dich sehn.
Und dann zweifelt der Zweifler nicht mehr, denn dann weiß er, dein Grab war am dritten Tag leer.
Beter auf Knien, Kranke im Leid, – alle werden dich sehn.
Freunde beim Fest und Feinde beim Streit, – alle werden dich sehn.
Und wir sehn, wenn der Schleier sich hebt:
Du hast immer schon bei uns auf Erden gelebt.

Manche erschreckt, manche erfreut, – alle werden dich sehn.
Mach uns bereit – für jene Zeit, wenn wir dich alle sehn.

Eine Bemerkung noch zum Schluss dieses Kapitels. Im Buch der Offenbarung – wie im gesamten Neuen Testament – findet sich keine Anbetung des Heiligen Geistes. Der Geist Gottes, der mit dem Vater und dem Sohn die Dreieinigkeit Gottes bildet, tritt stets hinter den Vater und insbesondere hinter den Sohn zurück, den er durch sein Wirken groß macht und verherrlicht (Joh 16,14). Natürlich ist es auch wahr, dass die Bibel die Anbetung des Heiligen Geistes nicht direkt verbietet. Gleichwohl ist die biblische Tendenz eindeutig, die die Anbetung des Vaters und des Sohnes im Heiligen Geist (Joh 4,24) lehrt und anordnet, nicht jedoch eine Anbetung des Heiligen Geistes selbst.

Die Elemente der Anbetung im Gottesdienst

Ganz grundsätzlich gilt zunächst dies: Die Anbetung des lebendigen Gottes ist ein Vorgang, an dem die gesamte Gemeinde beteiligt ist. Der Apostel Paulus spricht von der Gemeinde Jesu Christi als einem Organismus. Jede echte christliche Gemeinde vor Ort ist ein lebendiger geistlicher Organismus, wo einer mit dem anderen durch den Heiligen Geist zu einer geistlichen Einheit zusammengebunden ist. Einer gehört zum andern, und Jesus Christus ist das Haupt. Und darum soll die Gemeinde gerade auch in der Anbetung als Einheit handeln. Ist die Einheit gestört, leidet die Anbetung.

Paulus schreibt im Epheserbrief (4,1-4):

> *So ermahne ich euch nun, ich, der Gebundene im Herrn, dass ihr der Berufung würdig wandelt, zu der ihr berufen worden seid, indem ihr mit aller Demut und Sanftmut, mit Langmut einander in Liebe ertragt und eifrig bemüht seid, die Einheit des Geistes zu bewahren durch das Band des Friedens:* ***ein*** *Leib und* ***ein*** *Geist, wie ihr auch berufen seid zu* ***einer*** *Hoffnung eurer Berufung.*

Nun kann die Einheit des Geistes durch mancherlei gestört werden: durch Streit, Ehrsucht, Ungeduld, Stolz oder Ichhaftigkeit. Die Einheit in der Anbetung kann aber auch durch das beeinträchtigt werden, was man als den »Bühneneffekt« bezeichnen könnte.

Der »Bühneneffekt« stellt sich zum Beispiel dann ein, wenn die Musiker, die die gesungene Anbetung der Gemeinde begleiten, aus ihrer dienenden Funktion heraustreten und in irgendeiner Form Selbstdarstellung betreiben. Es kann ein schmaler Grad sein zwischen einer gekonnten, professionell gemachten musikalischen Begleitung des Gemeindegesangs und der ichbezogenen Selbstdarstellung als Musikgruppe.

So war zum Beispiel bei einer christlichen Veranstaltung zu erleben, wie der Bandleader nach einem Anbetungslied gekonnt und professionell seine Bandmitglieder vorstellte. Es war wie auf einem Pop-Konzert, wo bekanntlich auch zu irgendeinem Zeitpunkt die Musiker dem Publikum vorstellt werden.

Es kann also ein schmaler Grat sein zwischen dem dienenden Begleiten des Gemeindegesangs und einer eher ichhaften Selbstdarstellung. Und wenn die musikalische Begleitung zur Selbstdarstellung wird, stellt sich automatisch der »Bühneneffekt« ein. Die Gemeinde zerfällt dann sukzessive in zwei Teile: in diejenigen, die auf der Bühne die »Performance« bieten, und in diejenigen, die als »Publikum« die Performance konsumieren. Es gibt die aktiv Agierenden auf der »Bühne« und die eher passiv Konsumierenden im »Publikum«. Und das hat mit einem lebendigen geistlichen Organismus dann wirklich nicht mehr viel zu tun. Unmerklich haben sich die Gewichte verschoben. Es kann dann geschehen, dass diejenigen, die vorne musikalisch agieren, von der »Gemeinde« mit einem herzlichen Applaus bedacht werden. Es entsteht eine Pop-Konzert-Atmosphäre.

Nun ist grundsätzlich sicher nichts gegen Pop-Konzerte einzuwenden und auch nichts gegen einen herzlichen Beifall für eine gute Vorstellung. Nur sind eben eine gottesdienstliche Versammlung und insbesondere die Anbetung Gottes in ihr alles andere als ein Konzert. Es geht um Gott in der Anbetung. Er ist das Ziel der Anbetung, nicht aber menschliche Sehnsüchte und Bedürfnisse!

Die Anbetung im Gottesdienst darf also nicht in menschliche Selbstdarstellung abgleiten. Sie verfehlt sonst ihr Ziel. Es liegt darum viel daran, den »Bühneneffekt« nicht in die Gemeinde herein zu lassen. Alles, was in der gottesdienstlichen Anbetung geschieht, muss dienenden Charakter haben. Es muss dem einen Ziel dienen, die Größe und Liebe und Gerechtigkeit Gottes miteinander zu erheben.

Konkret geschieht das durch die folgenden Elemente der Anbetung: die Bibel, die Predigt, Taufe und Abendmahl, die Musik und das Gebet.

Die Rolle der Bibel in der Anbetung

Die Bibel als Element der Anbetung? Auf den ersten Blick mag das überraschend oder gar befremdlich wirken. Und doch ist es so, dass die Bibel die entscheidende

Rolle spielt in der Anbetung des lebendigen Gottes. Warum?

Die Bibel präsentiert uns die großen Taten Gottes. Sie berichtet von der Erschaffung der Erde und des Alls. Sie stellt uns die Gnade Gottes in der Erwählung des Volkes Israel vor Augen. Sie enthält die zahllosen Prophezeiungen, die Jesus, den Retter ankündigen. Sie schildert das Kommen des Sohnes Gottes in diese Welt, sein Leben, sein Sterben am Kreuz, seine leibliche Auferstehung. Sie skizziert das Wachstum und die Ausbreitung der Gemeinde Jesu weltweit. Die Bibel ist ein einziger fulminanter Lobpreis der großen Taten Gottes. Sie preist Gottes Liebe, Gnade, Gerechtigkeit, Heiligkeit, Freundlichkeit, Geduld und Erbarmen.

Wenn also die Bibel im Gottesdienst der Gemeinde verlesen wird, dann ist sie selbst Teil des Lobpreises, Teil der Anbetung der Gemeinde. Und derjenige, der im Gottesdienst der Gemeinde Texte aus der Bibel vorliest, preist selbst die großen Taten Gottes, indem er liest.

Das Lesen aus der Bibel im Gottesdienst müsste darum eigentlich ein ganz neues Gewicht bekommen. Gerade in den Bibel-Gemeinden, den so genannten bibeltreuen Gemeinden, tritt nun aber merkwürdigerweise die Bibel in ihrer Bedeutung eher zurück. Viele Gemeindemitglieder bringen selbst keine Bibel mehr mit zum Gottesdienst. Und die Lesungen aus der Bibel im Gottesdienst geraten oft auch eher kurz. Wann ist in gottesdienstlichen Versammlungen schon mal ein ganzes, vollständiges Kapitel aus der Bibel als Lesung zu hören? Mancherorts haben Gemeinden – so scheint es – die Unsitte übernommen, die Bibel nur noch häppchenweise zu verabreichen. Drei Verse, fünf Verse, sieben Verse, geistliches Fast-Food gewissermaßen.

Wenn es wahr ist, dass die Anbetung Gottes eine Antwort der Gemeinde auf die großen Taten Gottes ist, wie die Bibel sie uns präsentiert, dann ist eine neue Rolle der Bibel im Gottesdienst unerlässlich. Das heißt, die biblische Lesung (besser noch wären zwei oder drei Lesungen) dürfte nicht mehr nur eine kurze Station auf dem Weg zur Predigt sein, die mehr oder weniger routiniert »abgehakt« wird, sondern müsste ein viel stärkeres eigenes Gewicht haben.

Die Rolle der Predigt in der Anbetung

Nach allem, was eben über die Rolle der Bibel in der Anbetung der Gemeinde deutlich wurde, ist klar, dass auch die Predigt im Gottesdienst ein wesentlicher Bestandteil der Anbetung sein muss.

Dabei ist interessant, wie der Apostel Paulus seinen Dienst als Prediger verstanden hat. Im Römerbrief (Röm 1,9) beschreibt er seinen Dienst mit diesen Worten: *Denn Gott, dem ich in meinem Geist diene am Evangelium seines Sohnes, ist mein Zeuge, wie unablässig ich an euch gedenke.*

Für *dienen* findet sich hier im griechischen Text des Neuen Testaments das Wort *latreuo.* Es bezeichnet einen Dienst im Rahmen des Gottesdienstes, im Rahmen der Anbetung der Gemeinde. Und damit ist klar, dass Paulus seinen Dienst als Prediger und Evangelist grundsätzlich als Gottesdienst, ja als Anbetung verstanden hat.

Dieselbe Sicht taucht auch ganz am Ende des Römerbriefes noch einmal auf. Dort formuliert Paulus so (Röm 15,16): *Ich soll ein Diener Jesu Christi für die Heiden sein, der priesterlich dient am Evangelium Gottes, damit das Opfer der Heiden angenehm werde, geheiligt durch den Heiligen Geist.*

Wieder taucht das Wort *Diener* auf. Diesmal verwendet Paulus das griechische Wort *leiturgos.* Davon stammt das deutsche Wort »Liturgie«. Ein *leiturgos* ist jemand, der den Gottesdienst versieht. Wieder ist also ein Dienst im Gottesdienst, ein Dienst in der Anbetung gemeint. Paulus macht klar: Sein Predigtdienst ähnelt dem Dienst eines Priesters. Das heißt, jeder Mensch, den er mit dem Evangelium erreicht, ist wie ein *Opfer*, das vor Gott *angenehm* ist.

Paulus zeigt hier eine sehr hohe Wertschätzung der Predigt. Die Predigt ist nicht einfach ein gekonnter »Talk«, den der Prediger gibt. Sie ist Anbetung Gottes. Sie preist die großen Taten des Herrn.

Es wäre gut, wenn diese biblische Sicht der Predigt in den Gemeinden ganz neu aufgenommen und umgesetzt würde. Jeder, der das Wort Gottes vor der Gemeinde auslegt, muss wissen, dass seine Predigten in der Tat eine Anbetung Gottes sind. Sehr wahrscheinlich würden viele Predigten besser und gründlicher vorbereitet, wenn diese Tatsache stärker bewusst wäre. Vielleicht würden auch viele Predigten in der Wortwahl präziser und kreativer gestaltet werden, wenn all denen, die am Wort dienen, vor Augen stünde, dass jedes Wort ihrer Predigten als Anbetung vor dem Thron Gottes gehört wird.

Und nun zu denen, die Sonntag für Sonntag die Auslegung des Wortes Gottes in der Predigt hören. Sie sollten nicht vergessen, dass Gott in der Predigt durch sein Wort und in der Kraft des Heiligen Geistes persönlich zu ihnen spricht. Ihr Leben, seine Rettung, sein Sinn, seine Freiheit, seine Bestimmung, seine Zukunft sind untrennbar verbunden mit den großen Taten Gottes in der Geschichte, ganz besonders mit allem, was er in und durch Jesus getan hat. In der Auslegung des Wortes Gottes treten ihnen diese großen Taten Gottes entgegen, kommen ihnen nahe, beleuchten ihr Leben, stärken, korrigieren und ermutigen sie. Sie entzünden in ihnen den Lobpreis darüber, was der lebendige Gott auch in ihnen und ihrem Leben getan hat. Die Auslegung des Wortes Gottes ist darum innerhalb des Gottesdienstes *das* Element schlechthin, das in die Anbetung Gottes führen soll.

In diesem Zusammenhang soll nun eine Besonderheit zur Sprache kommen, die aus den USA herübergekommen ist. Es handelt sich um die Lehre von der Anbetung Gottes in Stufen.

Judson Cornwall entwickelt diese inzwischen recht verbreitete Lehre in seinem Buch *Let Us Worship*[6] (»Lasst uns anbeten«) anhand von Psalm 100,4. Dort heißt es: *Geht ein zu seinen Toren mit Danken, zu seinen Vorhöfen mit Loben; dankt ihm, preist seinen Namen.*

Cornwall sagt, dass die Anbetung im Gottesdienst in vier Schritten oder Stufen ablaufen sollte. Diese Schritte entsprächen dem Weg, den die Glaubenden des Alten Testaments im Tempel zurückgelegt hätten, wenn sie dort in die Gegenwart Gottes treten wollten. Psalm 100,4 zeige diese Schritte.

Zunächst käme die Phase, wo die Gemeinde die *Tore* (des Tempels) durchschritte. Dies sei der erste Schritt hinein in die Gegenwart Gottes. Er sei durch *Danksagung* geprägt. In dieser Phase seien fröhliche, kraftvolle Lobpreislieder angebracht. Die Gemeinde sei in dieser Phase noch nicht bereit, in enge Gemeinschaft mit Gott zu treten, sondern müsse erst durch entsprechende Lobpreislieder dazu bereit gemacht werden.

Danach käme die zweite Phase, der Eintritt in die *Vorhöfe* (des Tempels), der zweite Schritt in die Gegenwart Gottes, sozusagen ein Stückchen näher dran am Allerheiligsten. Dieser Schritt sei durch *Lob* Gottes geprägt. In dieser Phase seien Lieder angemessen, die Gott für seine gegenwärtigen Gnadenerweise lobten.

An Phase 2 schlösse sich dann Phase 3 an, in der die Gemeinde das Heiligtum (des Tempels) selbst betrete. Diese Phase sei wiederum durch *Dank* geprägt, aber nun Dank für das, was Gott in sich als Person sei, also nicht

Dank für erlebte Wohltaten Gottes. In dieser Phase sollten Lobpreislieder dominieren, die auf Gott als Person ausgerichtet seien.

In Phase 4 schließlich bewege sich die Gemeinde ins *Allerheiligste,* in die unmittelbare Gegenwart Gottes hinein. Diese Phase sei allein durch den *Lobpreis* Gottes bestimmt. Hier könnten stille, tiefe Anbetungslieder breiten Raum finden und die Gemeinde in die direkte unmittelbare Gegenwart Gottes führen.

Cornwall betont, dass der Lobpreisleiter der Gemeinde es herausspüren müsse, wann eine Gemeinde zur jeweils nächsten Phase, zur jeweils nächsten Stufe im Lobpreis und zum nächsten Schritt in die Gegenwart Gottes bereit sei. Manchmal könne es lange dauern, bis der jeweils nächste Schritt getan, die jeweils nächste Phase begonnen werden könne.

Was ist von dieser Lehre zu halten? Zunächst ist zu sagen, dass Psalm 100,4 nicht die vier Stufen lehrt, die Cornwall in ihm sehen möchte. Das wird schon daran deutlich, dass der Schritt durch die Tore hinein in die Vorhöfe des Tempels ein und derselbe Schritt ist. Das wird weiter daran deutlich, dass in der Psalmendichtung der zweite Teil eines Verses den Inhalt des ersten Teils jeweils in anderen Worten wiederholt und verstärkt. Es können also keine vier Stufen sein, sondern höchstens zwei. Cornwall übersieht weiter, dass zu alttestamentlichen Zeiten das Volk Gottes niemals bis ins Allerheiligste gehen durfte. Das durfte nur der Hohepriester ein einziges Mal im Jahr tun. Es kann also keine Rede von vier Phasen sein, die das Volk Gottes im Lobpreis zurücklegen muss. Cornwall liest sein Stufen- oder Phasen-Modell in den Text hinein, statt aus ihm heraus.

Noch schwerwiegender ist allerdings noch etwas anderes. Es ist nämlich keineswegs so, dass Christen sich den Weg in die unmittelbare Gegenwart Gottes erst

Schritt für Schritt durch passende Loblieder erobern und erarbeiten müssten. Das ist falsch! Das ist Religion, nicht aber Evangelium! Christen sind Leute, die durch Jesus zu jeder Zeit und an jedem Ort den direkten und vollen Zutritt zu Gott haben. Das ist ja gerade das Entscheidende, dass eben nicht mehr Leistungen irgendwelcher Art nötig sind, um (vielleicht) in die unmittelbare Gegenwart Gottes zu gelangen. Durch Bekehrung und Neugeburt im Heiligen Geist ist dieser Zugang ins »Allerheiligste« immer und direkt da.

Für den Gottesdienst gilt das sogar noch in verstärktem Maße. Dort begegnet uns der lebendige Gott in seinem (gelesenen und gepredigten) Wort. Er redet durch sein Wort und in der Kraft des Heiligen Geistes direkt zu uns. Näher geht es gar nicht! Im Hören auf sein Wort stehen wir unmittelbar in der Gegenwart Gottes.

Warum ist Cornwalls Stufen-Modell trotzdem in manchen Gemeinden populär? Das liegt wahrscheinlich daran, dass Cornwalls Anbetungs-Stufen-Modell die Menschen auf einen emotionalen Weg mitnimmt. Die Leute kommen am Sonntag in den Gottesdienst. Sie haben gerade ihren Alltag hinter sich gelassen und *fühlen* sich vielleicht mit Gott nicht sehr nahe verbunden. Mit Hilfe entsprechender Musik und seinem 4-Stufen-Modell nimmt Cornwall sie nun mit auf einen emotionalen Erlebnisweg, auf dem sie sich – hervorgerufen durch entsprechende Musik und Anbetungslieder – allmählich Gott immer näher *fühlen,* bis sie am Ende das Empfinden haben, nun seien sie ganz nahe bei Gott. Es ist ein starkes Gefühlserlebnis. Menschen neigen immer dazu, starken Gefühlen auf jeden Fall zu glauben. Das kann aber trügerisch sein.

Da ist z. B. ein Christ, der vielleicht in seinem Alltagsleben in permanentem Ungehorsam lebt. Er durchläuft nun im Gottesdienst seiner Gemeinde die Anbetung in vier Stufen und hat am Ende den starken emotionalen

Eindruck, nun ganz nahe bei Gott zu sein. Die Folge ist, dass er seinen Lebensstil nicht korrigiert. Er geht nicht in die Buße. Er führt weiterhin ein Leben, in dem der Geist Gottes massiv betrübt wird. Er belastet mit seiner Sünde auch die geistliche Einheit in der Gemeinde.

Die Bibel macht es anders. Sie fordert die Christen ausdrücklich nicht dazu auf, an Gefühlen zu messen, ob sie Gott nun nahe sind oder nicht. Sie gibt ihnen andere, nüchterne und tragfähige Maßstäbe an die Hand, mit denen sie das viel zuverlässiger messen können. Die Bibel sagt (sinngemäß): Durch Bekehrung und Neugeburt im Heiligen Geist wirst du ein Kind Gottes und bleibst es für immer. Wenn du Gottes Wort und seinen Maßstäben folgst, wirst du geistlich wachsen. Deine Gemeinschaft mit Gott wird reifen und sich vertiefen. Gott wird dich führen und segnen und gebrauchen. Wenn du Gottes Wort missachtest, wirst du den Heiligen Geist betrüben und geistlich nicht wachsen. Wenn du bereit bist, umzukehren und mit erkannter Sünde in deinem Leben zu brechen, wird Gott dir immer mit Gnade begegnen und dein Leben fortan wieder tiefer prägen und verändern.

Dies sind klare Maßstäbe, die jeder auf sein Leben anwenden und es an ihnen messen kann. Wer dabei Hilfe braucht, kann Schwestern oder Brüder in der Gemeinde um Hilfe bitten. Nicht rasch wechselnde und zum Teil auch manipulierbare Gefühle sind also der Maßstab der Selbsteinschätzung, sondern das Wort Gottes selbst. Christen befragen nicht ihre Gefühle, wenn sie wissen wollen, wie es zwischen Gott und ihnen steht. Sie vergleichen statt dessen ihr Leben mit den Maßstäben, die das Wort Gottes liefert. Sie gewinnen ihre innere Sicherheit nicht aus Gefühlen, sondern aus dem Wort Gottes selbst. Und das ist viel, viel besser.

Die Predigt im Gottesdienst ist also *der* Punkt, wo der lebendige Gott sehr persönlich zu jedem Einzelnen spricht, ihn überführt, korrigiert, ermutigt und bestätigt. Die Predigt ist auch *der* Punkt, wo Gott den Blick jedes Einzelnen auf seine großen Taten lenkt, die ihn in die Anbetung führen sollen.

Die Rolle von Abendmahl und Taufe in der Anbetung

Martin Luther hat Abendmahl und Taufe einmal als »verbum visibile«, also als sichtbares Wort Gottes bezeichnet. Sowohl das Abendmahl als auch die Taufe machen das konkret sichtbar, fühlbar und schmeckbar, was das Wort Gottes in Worten sagt.

Was wird zum Beispiel in der Taufe eines gläubig gewordenen Menschen sichtbar? Das Untergetauchtwerden und das anschließende Wiederauftauchen machen deutlich, dass dieser Mensch mit Christus gestorben und auferweckt worden ist. Er hat sein altes Leben am Kreuz zurück gelassen und lebt jetzt ein neues Leben, in dem Jesus Christus die Mitte ist. Dies ist die höchst sichtbare Botschaft des Taufaktes. Die Taufe macht vor aller Augen *das* sichtbar, was das Wort Gottes (zum Beispiel im Römerbrief, Kapitel 6) mit Worten sagt. Und damit ist klar: Die in der Gemeinde vollzogene Taufe führt den Christen – wie das Wort Gottes – die großen Taten Gottes vor Augen, nämlich Tod und Auferstehung Jesu. Die in der Gemeinde vollzogene Taufe will also wie auch das Wort Gottes in die Anbetung Gottes führen. Sie ist sichtbares Wort Gottes – »verbum visibile«.

Bei der Feier des Abendmahls ist es ähnlich. Beim Verlesen der Einsetzungsworte Jesu und beim Teilen von Brot und Wein wird der Gemeinde der stellvertretende Sühnetod Jesu vor Augen geführt. Christen sehen und schmecken, was es Gott gekostet hat, ihnen Vergebung und Rettung für die Ewigkeit zu schenken: das Leben seines einzigen Sohnes. Das Kreuz auf Golgatha steht ihnen dann vor Augen. Das Leiden und Sterben des Gottessohnes. Auf sichtbare, fühlbare Art und Weise strahlt die größte Tat des lebendigen Gottes vor ihnen auf: der Sieg über Sünde, Tod und Teufel, der am Kreuz herausgekämpft wurde.

Auch das Abendmahl sagt auf sichtbare Weise, was das Wort Gottes an vielen Stellen mit Worten sagt: Dass am Kreuz der Sohn Gottes starb und dass dadurch Rettung und Heil möglich geworden sind. Auch das Abendmahl führt die großen Taten Gottes vor Augen. Es verkündigt das, was auch die Bibel verkündigt. Und es will damit in die Anbetung Gottes geleiten.

Der Apostel Paulus hat einmal geschrieben (1Kor 11,26): *Denn so oft ihr dies Brot esst und diesen Kelch trinkt, verkündigt ihr den Tod des Herrn, bis er kommt.* Auch er wusste: Das in der Gemeinde gefeierte Abendmahl verkündigt die großen Taten Gottes – den Tod Jesu auf Golgatha und auch seine Wiederkunft am Ende der Zeit.

Es ist darum nicht zu verantworten, wenn Taufe und Abendmahl in Gemeinden lässig, routiniert und vielleicht sogar sinnentleert abgefeiert werden. Gott hat seiner Gemeinde diese beiden großartigen Gaben gegeben, damit sie zu ihr sprechen und sie bewegen und sie immer wieder neu hineinführen können in die Anbetung. Es ist kein guter Umgang mit diesen Gaben, wenn zum Beispiel das Abendmahl nur rasch am Ende des Gottesdienstes »angeklebt« wird, weil eigentlich schon alle nach Hause wollen. Die beiden großen Gnadenzeichen Gottes (Taufe und Abendmahl) sollten *das* Gewicht und *den* Raum im Gottesdienst bekommen, der ihnen zukommt. Die Anbetung der Gemeinde würde dadurch sicher gestärkt.

Die Rolle der Musik in der Anbetung

Die Rolle der Musik in der Anbetung Gottes zählt zu den umstrittensten Themen in den Gemeinden. Ganze Tagungen haben sich dieser Frage gewidmet. Umfangreiche Abhandlungen sind darüber geschrieben worden. Es ist unmöglich, dieses weite Thema in ein paar wenigen Sätzen abzuhandeln. Die folgenden Überlegungen sollen aber wenigstens ein paar Denk- und Entscheidungshilfen bieten.

Wie also sollen es die Christen halten mit den Liedern, die sie im Gottesdienst singen, mit den Instrumenten, die sie dabei spielen, und mit den Rhythmen, die sie dabei einsetzen?

Zunächst einmal ist festzuhalten, dass die Bibel eine ganze Menge von Instrumenten nennt, die in der Anbetung Gottes durch Lieder zum Einsatz kommen können. Psalm 150 nennt Hörner, Harfe und Laute, Pauke, Saitenspiel und Flöte, helle und wohlklingende Zimbeln. Das ist schon eine ganze Menge.

Die Bibel schließt kein einziges Instrument grundsätzlich als ungeeignet zur Anbetung Gottes aus. Die Frage dreht sich also eher darum, was mit verschiedenen Instrumenten im Gottesdienst getan wird und wie sie eingesetzt werden.

Eines ist dabei auf jeden Fall unstrittig. Es geht in der Anbetung Gottes *nicht* darum, dass ein ganz bestimmter, von Einzelnen bevorzugter Musikgeschmack in der Gemeinde das Rennen macht. Denn in der Anbetung geht es doch um Gott, nicht um Menschen. Es geht um Musik, die Gott ehrt und ihn groß macht. Es geht um Musik, die von vornherein eine dienende Funktion hat, die Gottes Ehre dienen will und sonst nichts.

Welche Musik aber dient Gott eigentlich?, könnte man jetzt fragen. Die Antwort erschließt sich, wenn wir die Frage von ihrer negativen Seite her einkreisen. Welche

Musik dient denn Gott und seiner Ehre auf jeden Fall *nicht*?

Vielleicht kann man es so sagen: Musik in der Gemeinde, die so laut ist, dass sie die Ohren betäubt und damit das Hören auf das Wort Gottes erschwert, behindert oder gar unmöglich macht, ist sicher ungeeignet für die Anbetung des Höchsten. Dasselbe gilt für Musik, deren Rhythmus den Leuten regelrecht »einheizt« und in ihnen sehr kreatürlich-menschliche Gefühle in Wallung bringt, auf denen sie dann schließlich innerlich davongetragen werden. Man kann so etwas in Pop-Konzerten manchmal beobachten. Für die Anbetung Gottes in der Gemeinde ist das denkbar ungeeignet. Denn die Aufmerksamkeit wird so von Gott weg- und auf ein Musik-Erlebnis hingelenkt. Es findet eine Verschiebung der Prioritäten statt.

Wie aber steht es mit dem Schlagzeug? Kann es in der Anbetung Gottes eingesetzt werden oder scheidet es von vornherein aus? Die Bibel hat – so ist eben deutlich geworden – ein unverkrampftes Verhältnis zum Schlagzeug (Psalm 150). Johann Sebastian Bach, der berühmte Christ und Komponist, hat das gewusst und zum Beispiel den großen Eröffnungschor seines Weihnachtsoratoriums mit einem Solo der Kesselpauke eingeleitet. Niemand hat sich bisher daran gestört oder es irgendwie als ungeistlich und der Ehre Gottes abträglich gefunden. Es ist also ganz offensichtlich möglich, auch das Schlagzeug in der Anbetung Gottes einzusetzen. Es kommt halt auf das »Wie« an. Und das »Wie« sieht eben so aus, dass das Schlagzeug (wie auch alle anderen Instrumente, die in einem Gottesdienst zum Einsatz kommen), immer dienenden, nicht dominierenden Charakter haben soll.

Welche Lieder aber sollen gesungen werden? Es sollten auf jeden Fall Lieder sein, deren inhaltliche Aussagen mit der Bibel deckungsgleich sind. Es ist schwer vorstellbar, dass dem lebendigen Gott eine Anbetung gefällt, die darin besteht, dass man ihm lauter unzutreffende Dinge sagt. Bei der Auswahl des Liedgutes der Gemeinde ist also wirklich Sorgfalt geboten. Die Anbetung soll ja schließlich *im Geist und in der Wahrheit* geschehen (Joh 4,24).

Dabei ist eines wichtig: Nicht alles, was alt ist, ist automatisch gut. Und nicht alles, was neueren Datums ist, ist automatisch schlecht. Es gilt auch: Nicht alles, was einen schlichten, einfachen Text hat, muss deswegen ungeistlich sein. Es gibt sehr schöne geistliche Lieder, die vom Text her sehr einfach sind. Biblische Anbetung sieht nicht so aus, dass nur die anspruchsvollsten Texte für die gesungene Anbetung der Gemeinde in Frage kommen.

Es ist in diesem Zusammenhang durchaus lohnend, die heute gängigen Gemeindeliederbücher einmal daraufhin zu untersuchen, aus welcher Zeit ihre Lieder stammen. In der Regel sind ca. 95% der Lieder in den letzten dreihundert Jahren entstanden. Was aber ist mit den Liedern, die vor vierhundert, fünfhundert oder sechshundert Jahren verfasst wurden? Waren die alle ungeistlich? Wohl kaum! Sehr viel wahrscheinlicher ist, dass der Musikgeschmack und das Sprachgefühl sich mit der Zeit gewandelt haben. Entscheidend ist, dass weder neue noch alte geistliche Lieder einfach unkritisch und ungeprüft übernommen, sondern auf ihre inhaltliche Aussage hin befragt und beurteilt werden.

In jeder örtlichen Gemeinde gibt es unterschiedliche Musikgeschmäcker. Die Älteren hängen innerlich an *den* Liedern, die populär waren, als sie jung waren. Die Jüngeren können das oft nicht nachvollziehen und drängen musikalisch zu neuen Ufern.

Wie soll man damit umgehen? Im Epheserbrief (Eph 4,2-3) steht, dass wir *mit aller Demut und Sanftmut, mit Langmut einander in Liebe ertragen und eifrig bemüht sein sollen, die Einheit des Geistes zu bewahren durch das*

Band des Friedens. Und im 1. Korintherbrief (1Kor 8,12) steht, dass Christen das Gewissen eines Bruders und einer Schwester nicht unnötig belasten sollen. Beide Aussagen des Neuen Testaments sind in diesem Zusammenhang äußerst aktuell, denn gerade die viel diskutierte Frage nach dem richtigen Musikstil in der Gemeinde ist ein Punkt, wo Demut, Geduld und Liebe eingeübt werden können und müssen. Es wäre gut, wenn junge und alte Christen einander gerade an dieser Stelle wirklich *ertragen* könnten, ohne zu rebellieren oder bitter zu werden. Es wäre gut, wenn sie lernten, aufeinander zu warten und den anderen in seinem Gewissen nicht zu etwas zu zwingen, was er (vielleicht noch) nicht verantworten kann. Dann wird die Einheit der Gemeinde gestärkt werden und das Band des Friedens nicht reißen.

Die Rolle des Gebets in der Anbetung

In Psalm 141,2 betet David:

> *Lass mein Gebet wie Räucherwerk gelten vor dir, das Aufheben meiner Hände wie das Abendopfer.*

David spielt hier auf einen besonderen Altar an, der sich im Tempel in Jerusalem befand. Es war ein goldener Altar, auf dem Weihrauch verbrannt wurde. Immer am Morgen und am Abend, wenn der Priester die Lampen kontrollierte, wurde Weihrauch auf diesem Altar verbrannt. Nichts anderes als dieser Weihrauch durfte dort geopfert werden. Er war ein Sinnbild für die Gebete der Heiligen, so macht David hier in diesem Psalm deutlich. Das Buch der Offenbarung bestätigt das übrigens ausdrücklich (Offb 5,8; 8,3-4).

Die Tatsache, das Gott diesen goldenen Altar eigens für diesen besonderen Zweck reservierte, macht deutlich, welche Wichtigkeit das Gebet der Christen für ihn hat. Wie aber soll das Gebet in der Gemeinde aussehen? Wie soll die Gemeinde Gott anbeten im Gottesdienst? Welche Gebetshaltung ist angemessen vor ihm?

Grundsätzlich kennt die Bibel viele Körperhaltungen, die geeignet sind. Sie alle haben gemeinsam, dass sie Unterordnung unter die Autorität und Größe Gottes ausdrücken.

David zum Beispiel saß, wenn er betete (2Sam 7,18). Der Pharisäer und der Zöllner standen im Tempel (Lk 18,9-14). Es ist in Ordnung, bei der Anbetung Gottes zu knien (Ps 95,6; Eph 3,4), sich auf die Erde zu werfen (Mk 14,35; Mt 26,39), oder auch die Hände zum Herrn zu erheben (1Tim 2,8).

Jede dieser Körperhaltungen ist biblisch legitim und kann im Gebet eingenommen werden. Man kann sitzen, stehen, knien, sich vor Gott auf den Boden werfen oder die Hände zu ihm erheben. Einige Haltungen haben dabei allerdings vielleicht doch eher Platz im persönlichen Zwiegespräch mit Gott, also außerhalb der Gemeinde. Das gilt zum Beispiel für das »Sich-auf-den-Boden-Werfen« vor Gott. Jesus hat diese besondere Form der Anbetung nur in Gethsemane gebraucht, als er allein im Zwiegespräch mit seinem Vater stand, nicht aber im Gebet mit den Jüngern, schon gar nicht in der Synagoge.

Darüber hinaus ist es sicher klug, auf das »Aufheben der Hände« vorerst lieber zu verzichten. Angesichts der doch recht zahlreichen geistlichen Irrtümer in charismatischen Gemeinden fordert diese Gebetshaltung zu Missverständnissen förmlich heraus. Denn das Aufheben der Hände ist nun mal *das* typische Kennzeichen für charismatisch geprägte Gemeinden. Trotzdem ist diese Gebetshaltung natürlich grundsätzlich biblisch legitim.

Nun aber weg von den Äußerlichkeiten hin zu den wichtigeren inhaltlichen Dingen. Es ist deutlich geworden, dass die Anbetung Gottes immer eine Antwort auf die großen Taten Gottes ist. Das heißt, biblische Anbetung erwächst grundsätzlich aus dem Hören auf das Wort Gottes.

Wo und wie können Christen das lernen? Wo und wie können sie sich darin einüben? Der einfachste und natürlichste Ort ist zunächst die tägliche Stille Zeit. Hier lesen sie das Wort Gottes, vielleicht einige Kapitel jeden Morgen, und werden still darüber. Sie nehmen die Berichte der Bibel über die großen Taten Gottes in sich auf. Und gut wäre es, wenn sie dann beginnen könnten und die großen Taten Gottes, von denen sie eben gelesen haben, in ihr Gebet aufzunehmen. Wenn sie vielleicht gerade von Noah und der Sintflut gelesen haben, sagen sie vielleicht: »Herr, ich begreife, dass du Sünde hasst, aber Sünder doch gerne retten willst. Ich stehe vor deiner Heiligkeit und Reinheit und spüre, wie sehr ich auf deine Gnade angewiesen bin. Ich lese von deinem Handeln damals und merke: Ich hätte auch den Tod verdient wegen meiner Sünde. Aber du hast mich gerettet. Du hast mich angenommen. Und ich bete dich an, als den Gott, der mich liebt, dessen Erbarmen so groß und dessen Gnade so tief ist.«

Oder wenn sie im 2. Kapitel des Philipperbriefes von der Menschwerdung des Sohnes Gottes gelesen haben, sagen sie vielleicht: »Herr, so viel waren wir dir wert, dass du selbst zu uns gekommen und ein Mensch geworden bist. Ich stehe davor und kann es kaum fassen. Und doch ist es wahr! Herr, danke, dass du auch zu mir gekommen und mich gerettet und erneuert hast. Du hast mich gesehen von Ewigkeit her. Du hast mich erwählt von Ewigkeit her. Du bist der Gott, der mich sieht und mich immer schon gesehen hat. Ich preise dich, Vater, für deine unbeirrbare Liebe, für deine Geduld und für deine Freundlichkeit. Danke, dass du auch all die Menschen siehst, die ich kenne und die noch verloren sind. Danke, dass du auch sie liebst und suchst und gerne zu dir ziehen möchtest. Erbarme dich Herr!«

So oder so ähnlich kann man Gott anbeten. Sein Wort selbst führt uns in die Anbetung hinein. Das ist durchaus erlernbar, und schon das Lernen macht von Anfang an viel Freude. Wie gut, wenn man so vorbereitet in den Gottesdienst der Gemeinde geht, um dort den Herrn aller Herren zusammen mit anderen anzubeten.

Die gemeinsame Anbetung in der Gemeinde läuft dann nach demselben Grundschema ab. Die Lesungen aus der Bibel, die Auslegung des Wortes Gottes, die Taufe oder die Feier des Abendmahls führen in die Anbetung hinein. Und wieder vollzieht sich dieselbe innere geistliche Bewegung. Christen antworten mit ihrem Gebet und ihrem Singen auf die großen Taten Gottes. Sie geben ihm die Ehre. Sie beten ihn an.

Anbetung vor anderen und mit anderen in der Gemeinde fällt vielen zunächst schwer. Sie haben Angst, sie könnten sich versprechen oder etwas Dummes oder Missverständliches sagen. Aber nach einigen Versuchen fällt diese Befangenheit meist ab. Viele spüren dann, wie schön und wie angemessen es ist, als kleine Menschen dem großen Gott die Ehre zu geben. Sie spüren auch, wie schön es ist, das mit anderen gemeinsam zu tun, die ihr Gebet innerlich mitbeten und dazu »Amen« sagen können, und sie begreifen, dass sie mit der Anbetung Gottes nie an ein Ende kommen werden.

Wer einmal mit der Anbetung Gottes begonnen hat, möchte sie nie mehr missen. Er lernt, dass die Anbetung Gottes das Größte und Natürlichste und Angemessenste ist, was Menschen überhaupt tun können. Sie ist wirklich das Ziel und die Bestimmung ihres Lebens.

Und wie von Ferne wird spürbar, wie unendlich groß und schön und herrlich es sein wird, wenn einst alle

Kinder Gottes den lebendigen Gott, den Vater Jesu Christi, für immer anbeten werden in der Ewigkeit.

Anmerkungen

1 Vgl. Warren W. Wiersbe, *Real Worship*, Grand Rapids 2000, S. 41 ff.

2 **Psalm 33:** Verse 1-3 (Lobpreis), Verse 4-6 (Begründungen) // **Psalm 66:** Verse 2-3a (Lobpreis), Vers 3b (Begründung), Vers 5 (Lobpreis), Vers 7 (Begründung) // **Psalm 100:** Verse 1-2 (Lobpreis), Vers 3 (Begründung), Vers 4 (Lobpreis), Vers 5 (Begründung) // **Psalm 103:** Verse 1-2 (Lobpreis), Verse 3-5 (Begründung) // **Psalm 108:** Verse 1-4 (Lobpreis), Vers 5 (Begründung) // **Psalm 145:** Verse 1-3 (Lobpreis), Verse 4-7 (Begründung).

3 Vgl. Wiersbe, S. 48 ff.

4 Vgl. Wiersbe, S. 54 ff.

5 Vgl. Wiersbe, S. 56 ff.

6 Judson Cornwall, *Let Us Worship,* (North Brunswick New Jersey, 1983). Vgl. Ronald B. Allen, *The Wonder of Worship,* Nashville 2001, S. 122 ff.

Glaubenslieder

Eine Sammlung von 565 Liedern, die sich aus dem Liedgut der Liederbücher „Glaubenslieder“ 1 und 2 und ca. 100 neuen Liedern zusammensetzt. Mit einem durchgehend vierstimmigen Notensatz. Alle Lieder sind mit Gitarrengriffen versehen.

Gb., 1104 S., 14,8 x 21 cm
Fadenheftung, farbiger Kunststoffüberzug, Prägung
Best.-Nr. 271 050
ISBN 978-3-86353-050-1

Thomas Hammer (Prod.)
Glaubenslieder USB-Stick

Der Stick enthält Instrumentalversionen aller 565 Lieder des neuen Glaubensliederbuches. Zum Kennenlernen und als Playback für die Gemeinde, den Hauskreis u. Ä. Gesamtspielzeit: 1536 Min.

Best.-Nr. 271 050 001